齊家古玉
U0947424

中国史前瑰宝 三大古玉之一

Qijia guyu

齐家古玉

彭燕凝 仁 厚 编著

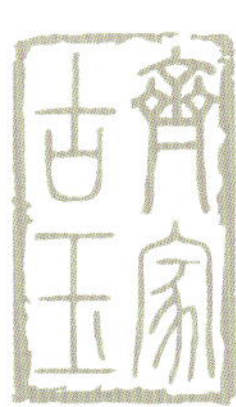

天地出版社 | TIANDI PRESS

图书在版编目（CIP）数据

齐家古玉/彭燕凝，仁厚著．—成都：天地出版社，2005.1（2019.12 重印）
ISBN 978－7－80624－957－4

Ⅰ.①齐… Ⅱ.①彭… ②仁… Ⅲ.①齐家文化－古玉器－研究 Ⅳ.①K876.84

中国版本图书馆 CIP 数据核字（2019）第 253733 号

QI JIA GU YU

齐家古玉

彭燕凝　仁　厚　著

作　　者　彭燕凝　仁　厚
责任编辑　范　勇　刘自权
封面设计　刘梁伟
内文设计　古　蓉
责任印制　桑　蓉

出版发行　天地出版社
（成都市槐树街 2 号　邮政编码：610014）
（北京市方庄芳群园 3 区 3 号　邮政编码：100078）
网　　址　http://www.tiandiph.com
电子邮箱　tianditg@163.com

印　　刷　四川经纬印务有限公司
版　　次　2005 年 1 月第一版
印　　次　2019 年 12 月第二次印刷
成品尺寸　210mm×190mm 1/24
印　　张　8
字　　数　160 千
定　　价　89.00 元
书　　号　ISBN 978－7－80624－957－4

咨询电话：（028）87734639（总编室）

目录

绚丽多彩的齐家古玉 …… 1

玉琮 …… 10

玉璧 …… 58

玉钺 …… 79

玉牙璋 …… 93

玉璋 …… 100

玉圭 …… 106

玉环 …… 116

玉刀 …… 120

目录

CONTENTS

……………………………………… 139

玉柄形器 ……………………………………… 145

玉璇玑 ……………………………………… 151

玉斧凿 ……………………………………… 159

……………………………………… 167

……………………………………… 171

……………………………………… 174

……………………………………… 180

……………………………………… 184

绚丽多彩的齐家古玉

齐家文化与齐家文化玉器

考古学上的齐家文化，为中国黄河上游地区的新石器时代晚期到青铜时代早期文化，因首先发现于甘肃广河齐家坪遗址而得名。齐家文化主要分布在甘、青境内的黄河沿岸及其支流，宁夏南部，陕西北部和内蒙古西部，其时代为公元前2000年左右，下限还要略晚一些。此前，学术界公认的齐家文化特征主要有二：一是有一群独具特征的陶器，二是出现了红铜器和青铜器。

近年来，由于田野考古调查和发掘的齐家文化玉器数量和品类增多，特别是相当数量和品种多样而又极其精美的齐家玉器收藏品面世，不仅丰富了人们对齐家文化特征、面貌与内涵的认识，而且为中国古玉文化宝库提供了许多新东西，为中国玉文化史研究提供了十分重要的新资料。

中国人用玉大约有一万年的历史。距今6000年至3000多年前出现的红山玉器、良渚玉器和三星堆玉器，已达到极高水平。它们众多的品种、奇特的形制和精美的工艺，早已为人们所熟悉，并推动了学术界对中国古玉的研究，激发了社会上更多的人对古玉的喜爱与追求。

比较遗憾的是，距今4000年至3500年前的齐家玉器，人们却知之甚少。其实，齐家玉器比起红山、良渚和三星堆玉器毫不逊色，同样具有悠久的历史，留下了许多珍品。齐家古玉，不仅显示了它品质的优美和特殊的成就，更告诉人们许多关于中华文明初始阶段的信息。

中国古玉文化中的一朵奇葩

认识齐家文化玉器，必须了解孕育齐家文化的土壤——形成条件诸因素。众所周知，以秦安大地湾文化为代表的甘肃河陇地区，在远古是一片水肥草美的广袤沃土，孕育着中国古代黄河文明。马家窑、马厂的彩陶与仰韶的彩陶一样，同是彩陶文化的亮点。而齐家文化正是马家窑文化的继续和发展，齐家文化的彩陶是彩陶文化的尾声，它的晚期已经进入了早期青铜文化阶段。

但奇怪的是，对齐家文化的精美优秀的玉器，长期以来不被人看好，报道不多，研究很少，可说是“鲜为人知”。

究其原因，这明显与它位处崇山峻岭，瀚海沙漠，人烟稀少，地理位置相对偏僻和现代经济文化相对落后有关，也与文物考古工作发掘发现相对较少有关，当然还与人们对齐家文化和齐家玉器的重视程度不够，研究力量相对薄弱有关。过去，考古工作者仅在河陇秦安大地湾文化墓葬与马家窑、马厂文化墓葬发掘中，发现过不多的玉石器，主要是些玉铲、玉锛、玉刀和质量不高的玉石璧。1977年甘肃庆阳出土一件时代相当于商前期的大玉戈，还被认定为由中原流入甘肃，是中原文化向边远少数民族地区传播中原文化的佐证。如此种种，齐家文化玉器的特点与成就，不仅难以显现，差不多有被湮没之势。

尽管如此，国内还是有人在不断地注意和探索这一黄河源头的中国古文明。1992年四川科学技术出版社出版，由马鸿良、郦桂芬主编的《中国甘肃河西走廊古聚落文化名城与重镇》一书中写道："武威皇娘娘台齐家文化已基本具备文明要素。其皇娘娘台早期玉石工艺已达到较高水平，所出土的玉璧就有264件，其中81件出自一座墓，表明已有一批专业人员从事玉石器生产了。"按考古资料，皇娘娘台一座墓葬随葬的玉璧最多的达83件，尤其值得注意的是，玉璧是礼器之一种。制作有如此多的玉璧，必定制作有更多的其他玉器。果不其然，从考古调查发现和博物馆收藏看，"齐家文化的玉器种类目前发现有十几种，其功用主要是工具、礼器两大类，此外还有一些杂料和几种小玉管。齐家文化的玉工具主要有斧、锛、凿、铲等；礼器主要有琮、璧、环、璜、钺、刀、多璜联璧等"(《出土玉器鉴定与研究》，《甘肃省博物馆藏齐家文化玉器》第299页)。近年，甘肃静宁博物馆在清理一处齐家遗址中发现精美的玉琮四件、玉璧三件。被静宁博物馆视为馆藏"静宁七宝"。

除博物馆外，近年来本人在几位收藏家手里和个别古玩店中，看到了他们收藏的齐家文化玉器，其数量之多、品位之高，可说是令人震惊的。除本书已著录的齐家玉，另一收藏家拥有的一百多件齐家玉器中，有器形硕大、形制与纹饰各异、制作工艺精湛的各式琮、璋、璧，还有从未面世的约20件嵌绿松石玉礼器和嵌绿松石人物雕像。

在北京一家古玩店，我也见到大致如上的情形。店里拥挤地摆放有约200件各式各样齐家玉器，小到直径不及2厘米、高不过5厘米的小玉琮、玉勒子，大到直径超过50厘米的和田玉大玉璧和长达40~50厘米的玉圭、玉璋。粗略统计，器形包括了各式生产工具和礼器、饰品、兵器20余种，特别是巨大的人神头像，别致的玉镞、玉矛、玉戈等，都是第一次见到。200来件玉器里不乏精品。店主人马先生告诉说：光顾的人都看出它是老东西，但都不认识它是哪里来的。一些很好的东西都便宜卖掉了。

上述情形表明，齐家文化玉器确实数量很大、品种很多，也确实有很多优秀品。它还表明，齐家古玉正在被人们所认识，所接受，不然怎么会有那么些人收藏，怎么会有人卖、有人买呢！

本书著录的彭仁厚先生、檀瑞林先生收藏的齐家玉，就是齐家古玉被人宝爱的一个极好佐证！

齐家文化玉器的几个问题

从上面两节的叙述与议论表明，齐家文化玉器的考古调查发掘品不多，公布的资料和研究成果有限。这里所说的大量齐家古玉，大部分是收藏家手头的齐家玉，是古玩店里的齐家玉。虽然这些玉器的来源，收藏家、古玩店主人自己心里都有一些数，有位收藏家还不畏辛苦历经甘青广大地方，作过四个多月的实地考察，并口问手写，记录了许多资料，但它毕竟不能等同于考古。我们只是考虑到，既然收藏家在收藏，古玩店在经销，那么，我们的学术工作者在这些古玉器面前是拒绝它，还是面对它；对这些古玉器提出的问题，是回避，还是探讨；这是一个尖锐而又困难的问题。我以为，像这样一批批优秀的东西，一个个特殊的问题，若不引起重视，随着时间的流逝和条件的变化，对器物，将会失之交臂；对问题，将越来越说不清楚。所以，我很高兴本书的面世，并以不避“大话齐家玉”之嫌，写下一些文字，涉猎一些问题。但本文不讨论齐家文化玉器所反映的齐家人的社会诸问题。

（一）齐家文化玉器的时代与分布。

据对齐家文化出土物的碳14测定，它的绝对年代在公元前2050年至公元前1915年前后。其分布地区，东起泾水、渭河流域，西至湟水流域、青海湖畔，南达白龙江流域，北入内蒙古阿拉善右旗附近，其中心区域在甘肃中西部及青海东部，面积达几十万平方公里。齐家文化的这个范围，也是齐家文化玉器的分布范围，因为在上述范围内遗址或墓葬的发掘中，出土有一定数量的玉器（《出土玉器鉴定与研究》，《甘肃省博物馆藏齐家文化玉器》第298~299页）。不久前，本人见到过数件出自陕西榆林市郊的青玉刀、玉锛、玉斧和玉璧、玉璋，其材质和形制、加工工艺均与已知的齐家玉无二致，说明齐家古玉的分布已到了陕西北部一带地方。

（二）齐家文化玉器的材质及加工工艺。

齐家文化玉器使用的玉材，主要是甘肃、青海本地的玉，还有新疆和田玉。有人估计大约是7:3的比例，即70%是本地玉，30%是和田玉。在齐家文化圈内的甘肃临夏——榆中境内的马寒山和酒泉等地，有墨绿色、艾青色、青豆绿色玉材以及属蛇纹石鸳鸯玉和试金石类黑色石材。陇西的鸳鸯沟即出鸳鸯玉。齐家文化玉器中的工具类如斧、锛、铲、凿等，便主要选用本地玉，一部分工具还直接选用接近石质或玉内含有较重石质的材料。但齐家文化玉器已有相当数量是由新疆和田玉制成。一般说来，礼器类的琮、璧、环、璜、钺、刀、璋等，都选择玉质滋润、色泽纯美的本地玉或和田玉。和田玉的发现与使用当早于齐家文化，但大量用来制作礼器和部分工具，当始于齐家文化。

齐家文化玉器的加工工艺有切割、钻孔、琢磨、抛光等工艺。玉材切割以片切为主，用片状无齿锯切割玉料，在少数玉器上可以看到有用砣切割的痕迹。玉器的钻孔，一面钻、两面钻都有，从一些大玉璧的孔（“好”）壁的斜坡面上可以看到单面钻遗留的痕迹，而玉琮的琮孔（“圆中”）一般采用两面对钻工艺。玉器的琢磨、抛光工艺，采用了“区别对待”的办法：琮、璧等玉礼器，制作精细，琢磨抛光后几乎不留任何切割、磨擦和抛光痕迹，整件玉器表面精致、漂亮；刀、璋等多数玉器，只经过一般的琢磨、抛光加工；一部分玉制生产工具，少琢磨、无抛光，有的还部分保留有切锯痕迹。

（三）齐家文化玉器的类型及特征。

齐家文化玉器的种类，过去发现的有两大类，十几种，目前发现有四五类三十多种。其功用可分为工具、礼器、兵器和饰品、玩具等几类。玉工具主要有斧、锛、凿、铲、刀等；礼器主要有琮、璧、圭、璋、璜、环、多璜联璧、多孔刀、戚、钺等；兵器主要有刀、矛、镞、戈等；饰品有发箍、臂饰、管饰、挂件等；玩具和陈设品有狗、熊、鸡、羊、猪、牛、马、兔、鼠等动物雕件。

齐家文化玉器的特征，似可用材质上乘、品种多样、器形美观、制作精致、大气凝重二十字来概括。据对数以百件计的齐家玉的观察，初步可说齐家文化玉器具有如下特征：

1.齐家玉用材区分明显，玉礼器以和田玉为主，兵器和饰品用玉仅部分选用和田玉，工具用玉主要采用甘肃、青海的本地玉，如临夏—榆中地区玉矿材料和酒泉玉。

2.齐家文化玉器以工具类和礼器类居多，器形尤其是玉礼器中许多作品的器形，形制巨大，如大玉琮、大玉璧、大玉璋、大玉圭等的尺寸，不少都超过红山、良渚、三星堆同类礼器的尺寸。高和直径超过二三十厘米的玉琮，长达五六十厘米的玉璋、玉圭，直径在四五十厘米的玉石璧，不乏其例。由于追求玉材作品的最大化，在一部分大型玉器上还保留有玉皮。

3.齐家玉的制作，从选材、切割、钻孔、琢磨、抛光，已形成一套完整的工艺流程。不同的用玉工艺不尽相同。特别是大量的玉礼器由于用材较好，大都采用硬度较高的和田玉，器形形制较大，制作精致，通体磨光，无论是素面无纹的还是有装饰纹样的，都显示出浑圆饱满、凝重大气的风格。

4.齐家文化晚期玉器，出现兽面纹（饕餮纹）、人面纹、兽首纹等装饰，琢工上有圆雕、浮雕、浅浮雕，还出现嵌绿松石等工艺，造型和装饰更加美观多样。

5.齐家文化玉器琢磨精细，地处黄土高原，气候干燥，厚厚的黄土将玉器保存得较好。虽历经三四千年，但皮壳、色沁十分漂亮，色泽变化十分丰富，给人以皮壳陈旧、包浆饱满、光泽静穆、色沁艳丽的视觉感，有的器物包浆下可见切割线及打磨痕。沁色有单色、复色之分和轻重之别，单色沁多，复色沁少，色沁天然生成，过渡自然柔和。

齐家文化玉器源流初释

目前，已知齐家文化玉器，数量不下千件，其中有许多前所未见的新品和精品，更有许多特点和自身的发展轨迹。它的成就在中国古玉文化发展史上是十分值得重视的。

（一）齐家文化玉器是齐家文化的重要组成部分，因此在时代上也同齐家文化一样，出现在原始社会晚期，跨越中国历史上的夏代，延续至商代初期。从其形制和制作工艺观察，齐家玉有明显的早晚之分，早期玉器器形较单一，多素面无纹，器形不甚规圆，器壁厚薄不匀，内缘或外缘常有带齿细刃；晚期玉器器形多样，构思大胆，器形无论大器还是小件器多制作精致，许多器物采用了浮雕花纹装饰，有的器形则从造型上加以变化或嵌错绿松石作为装饰，从齐家玉器上我们可以明显地看到它的形成与发展、变化历程。

（二）从齐家玉上的兽面纹似可看到有良渚玉的痕迹，但却较良渚玉的兽面纹粗犷；器形上似可看到龙山文化的影响，如礼器类的琮、璧、璋、钺等，甚至形神俱似，但总体说，却较龙山玉器形体大，凝重而内涵丰富。

我们更看到齐家玉有许多东西完全属于自己的创造。特别是玉礼器最为突出。一是玉

礼器在玉器中数量很大。目前我们虽还无法计算出它在玉器中的比例，但琮、璧、璋等是齐家玉中的常见之物。二是玉礼器品类齐全。较红山、良渚的玉礼器而言，齐家玉礼器和类礼器的种类是最多的，除圭、璋、琮、璧，还有似琥（《说文》：琥，发兵瑞玉，为虎文。齐家玉中的虎头形玉雕，即为琥之原型亦未可知）、羡（一种不规圆、边侧作牙形的璧，亦称“璧羡”）的瑞玉，以及瑗、环、璜、钺、戚（玉戚，为舞器）和璇机等。可说齐家文化玉礼器已显现出了“三代”玉礼器的规制。又如，齐家玉中的多种兽首琮、纵目人面琮、竹节纹琮、弦纹琮等都是自己特有的东西，而“纵目人面”之纵目看作是三星堆纵目人面的早期形制也未尝不可。但究其根源，马家窑蛙纹彩陶罐蛙的嘴就是用罐口来替代的，或许纵目人面琮的造型可从马家窑文化找到根据。

齐家玉的大多数圆雕，比较追求形似，后期则更加追求神似。真正写意的则多为动物类，如羊、兔、马、牛、猪、熊、蛙、蝉等。从大量的齐家玉看，因齐家文化的地理位置处于中原的西北，受龙山文化、良渚文化的一定程度影响是必然的。但如同齐家文化的发展一样，齐家玉也有自己独立发展的轨迹，因此也具有自己鲜明的特点与个性。

（三）齐家文化的消亡和齐家玉的延续。齐家文化在3800年前突然消失了。原因何在?学者们众说纷纭。水涛先生的意见是：“到齐家文化中晚期阶段，出现了青铜制品，开始进入青铜时代。大约距今4000年开始，由于中国西部气候环境条件逐步恶化，新冰期气候的长期作用，使这一地区在气候适宜期中发展起来的农业经济遭到彻底破坏。农业经济的解体迫使定居在河谷地区的大量人口开始分散迁徙到更广阔的空间范围之中，从事简单的畜牧生产活动。这种经济生活的重大转变，使文化的发展出现了分化的趋势，主流文化消失后，在甘青地区形成了小而分散的文化分布格局”。（《中国西北地区青铜时代考古论集》，《甘青地区青铜时代的文化结构和经济形态研究》第314页）按此观点，作为主流文化消失后，它的一些东西在另一些地方“成了小而分散的文化分布格局”，得以继续和发展。

或许，事实正是如此。齐家玉文化的确得到了延续。它的造型（如牙璋等）、纹饰（如齿状扉牙、兽面纹等）在商代还不断地延续着。中原多战乱，但偏僻的西北却相对安定，正是由于这一特殊性，使齐家文化在一些小而分散的格局下分别形成为以后的辛店文化、寺洼文化、卡约文化、四坝文化、沙井文化等等。同时不排除一些齐家人在更远的地方找寻到了更加适合于自己生存和发展的空间。从广汉三星堆文化中的玉器看，似乎它更多地吸收了齐家玉的因子，甚至是齐家玉文化的直接继承和发展。也就是说，有可能是齐家人的一支从甘青沿岷江河谷而下，经茂县营盘山史前人类遗址，来到了成都平原，并得以开花结果。当然，所有这些都有待考古发掘和资料整理的进一步深入，才能得到科学的解决。我希望这一天早日到来。

齐家文化消失了，它来得突然，去得仓促，一切的一切都消失了，只留下这一件件不朽的精美的玉器向人们诉说那远古微弱的信息！不过我们还得说一句，今天我们再谈及齐家文化时，完全有理由说它不仅有美丽的彩陶、最早的青铜器，它还有极高工艺水平制造的精美、绚丽的玉器。

二〇〇四年六月五日于北京六二居

三羊六面琮

特征：

年代：齐家文化

玉质：和田青玉

尺寸：高：67毫米；上端射径：87毫米；下端射径：85毫米；孔径：74毫米

鉴别与欣赏：

1 玉呈青绿色，有自然裂纹和褐色沁。

2 受沁后，局部有褐黑色、白糁，玉质极透，包浆[1]滋润，皮壳属旧，时代特征极开门[2]。

3 三个羊头，均匀分布六面琮的三个面上，羊头为半圆雕，玉工雕刻刀法娴熟，造型栩栩如生，全器琢磨精细，晶莹滋润，整体形象显得雍容华贵，富丽堂皇，十分漂亮，应为齐家文化之精品。

4 齐家文化以畜牧、农耕为主，有的学者称其为西方羌文化的源头，中国古代称羌为“西方牧羊人”，用羊为图腾，在齐家文化的玉、石器中，不时会有羊作图腾的形象出现。

备注：存世极罕。

[1] 包浆：指器物因长期受自然界物质接触氧化而产生的一种光泽。

[2] 开门：是指器物真品特征一目了然。

双面虎头琮

特征：

年代：齐家文化

玉质：和田青玉

尺寸：高：120毫米；上端射径：134毫米；下端射径：130毫米；孔径：108毫米

鉴别与欣赏：

玉呈深绿色，温润细腻，晶莹通透，琮下边缘有自然缺口，受沁后，有绺裂和褐黑色、白色沁，包浆滋润，皮壳属旧，年代特征开门。

虎头为浅浮雕，雕刻线条流畅自然，刀法娴熟，纹饰柔美。全器造型逼真，研磨精细，抛光极佳，整体效果显得晶莹滋润，浑圆饱满，大气凝重，充分表现了玉工们的优秀技艺，是一件难得的艺术珍宝。

备注：存世极罕。

人面琮

特征：

年代：齐家文化

尺寸：高：78毫米； 射径：60毫米

玉质：和田青玉

鉴别与欣赏：

1 玉呈青色，有自然形成的绺裂、白糁和黑糁，局部有红沁。

2 全器用料上乘，琢磨、抛光均佳，为圆雕器，玉工刀法娴熟，人面形象生动。玉受沁后，出现红沁、黑褐沁，沁色层层叠叠，包浆徐徐铺满，全器晶莹通透，时代特征极开门。

3 玉人早已出现，在四川巫山大溪文化遗址出土玉人面佩，距今约5000多年，但像齐家文化这样独特造型的不多见。人面用琮的射孔来替代人的嘴，显得特别生动和张扬。这与马家窑彩陶罐上蛙纹蛙的嘴用罐口来替代是一脉相承的。这也是齐家文化玉器魅力之所在。此人面器之双目特大，特别突出，也特别挺立，在笔者所见的类似标样中，也算得上是有突出的“纵目”。古蜀国第一代王蚕丛“其目纵”，“蚕丛始于岷山石室之中”，岷山——岷江，而它的更北、更西，就是甘肃、青海、昆仑山。昆仑山的正神烛龙是“直目正乘”——即纵目之意。这就是说从三星堆的纵目人面，到岷山的蚕丛“其目纵”，到齐家文化的纵目玉琮应是有源有序的，四川汶川营盘山遗址出土的彩陶片，就更说明了这个问题。

备注：存世少。

羊面琮

特征：

年代：齐家文化

玉质：青玉

尺寸：不详

鉴别与欣赏：

■ 玉呈青绿色，晶莹剔透，局部有石纹、绺裂和灰色沁斑，由于制作精致抛光极佳，全器保存十分完好，包浆凝聚，皮壳属旧，时代特征开门。

■ 本器为齐家文化中少有的圆雕器，用料上乘，雕工老道，刀法娴熟，造型独特，应是古代先民重要的图腾器。用羊作为祭祀图腾器，源于齐家文化，但应用在整个玉琮上，仍比较少见，本器制作、抛光极佳，虽历经数千年，但由于玉器表面已成玻璃体状态，仍完好如新，由此可见本图腾在当时的显赫地位，应是齐家玉器中难得一见的艺术珍品。

备注：存世罕。

三节青玉琮

特征：

年代： 齐家文化

玉质： 和田青玉

尺寸： 高：72毫米；孔径：90 毫米

鉴别与欣赏：

■ 玉质晶莹通透，呈青绿色，局部有白色和黑色饭糁，研磨精细，琢磨抛光均佳，包浆饱满，皮壳属旧，时代特征极开门。

■ 本器用料上乘，制作规矩，由射到壁过渡圆润，方体微凸，由于内外抛光，全器显得温润晶莹，色沁十分艳丽，是齐家文化礼器中的佼佼者。

■ 本玉琮分为三节，大小适中，既是礼器，又是把玩器。正是由于古代先民们的长期把玩，才形成了较好的皮壳，尽管被黄土掩埋数千年，但此器仍然如此滋润、美观、漂亮。

■ 据资料介绍，1984年甘肃省静宁县治平乡后柳沟村村民挖出一个齐家文化祭祀坑，出土了三璧四琮，玉琮玉质纯净，莹泽细润，切割平匀，圆方有度，工艺精细，纹饰精美，充分展示了齐家文化治玉工艺的高超水平。1996年国家文物鉴定委员会专家组把该玉琮确认为国宝，杨伯达先生说它是“齐家文化最优秀的玉琮”，并把这批玉器称为“静宁齐家七宝”。

备注：存世较少。

大方琮

特征：

玉质：和田白玉

尺寸：高：214毫米；　射径：90毫米；孔径：70毫米

鉴别与欣赏：

■玉呈红沁，褐黄沁，红黑色牛毛纹，局部钙化，露底处为白玉，十分润泽。孔两面对钻，内有茬。时代特征极开门。

■典型的齐家文化玉礼器，一切古玉的特征都能在它上面找着，色沁变化自然，丰富多彩。全器硕大伟状，色泽丰富艳丽，玉质晶莹滋润，包浆呈宝光色，虽光素无纹，但十分耐看。专家认为，这应该为齐家文化早期之物。

■据资料介绍：陕西西安市西南20公里，沣河岸上泉村，曾发现征集一玉石“枕头”——大琮，并找到发现地，确定为龙山文化——西周时期器物，命名为“上泉大玉琮”。其玉琮体形硕大，高207毫米，本器比上泉大玉琮还长7毫米。据收藏的人介绍，当地的古玩商在路过一个偏僻的乡村要水喝时，在炕头上发现此物，无独有偶，本器也是农民作为枕头睡了几十年，被他发现，于是用一辆“飞鸽”自行车换来的。据说齐家文化还有更大的，可以做桌子立柱那样大的琮。

备注：存世罕。

琮

特征：

年代：齐家文化

玉质：和田青玉

尺寸：高：128毫米；上端射径：210毫米；下端射径：204毫米

鉴别与欣赏：

■ 玉成青色，晶莹通透，有黑褐色斑及自然绺裂，边缘有缺口，受沁后，出现黑褐沁、灰白沁，衬以青灰色玉底，使全器显得温润晶莹，十分美观，玉琮表面包浆凝聚，年代特征极开门。

■ 本器为和田玉加工之最大玉琮，但又做得十分精美。它大而灵秀，琮壁最薄处仅十来毫米。由于制作规矩，琢磨精细，全器晶莹通透，虽光素无纹，但大器凝重，艺术性极强。这种艺术上的张扬和磅礴恢宏的气势，代表了北方黄河先民剽悍朴实的灵魂和气魄，是齐家文化中的精品。

■ “以苍璧礼天，以黄琮礼地”，玉琮是古代先民们从事祭祀活动的重要礼器之一。在选材上，均选用上乘玉材；在加工上，均琢磨极精，抛光极细，甚至使器物表面达到玻璃镜面效果。本器琢磨、抛光极精，但为什么边缘又有缺口？一般来说，玉琮上部代表天，下部代表地，在入土时，往往要在其下部敲一些缺口，表示“天圆地方”地坑凹不平之意。

■ 齐家文化玉琮同其他文化玉琮一样，一般是上大下小。

备注：存世罕。孔径：190毫米。

瓦珑琮（又名：竹节琮）

特征：

年代：齐家文化

玉质：绿玉

尺寸：高：106毫米；上端射径：148毫米；孔径：128毫米

鉴别与欣赏：

松青绿色沁，十分晶莹润泽，虽局部有绺裂，但是更加显得苍劲古老，玉表面被一层宝光色包裹，十分艳丽非凡，全器包浆滋润，皮壳属旧，时代特征极开门。

“绿玉深绿如染成宫绿色或如松青绿者为佳”。（张广文著《中国玉器》）。本器则为松青绿色，非常少见。本琮选材上乘，琢磨精细，造型独特，琮之四楞角有凸起的三节瓦珑（竹节），使全器浑圆饱满，大气凝重，加之色沁松青绿恬淡温润，古韵典雅，更显得庄严静穆，令人有神秘感。

“齐家文化是和田玉进入中原的第一站”，“最为优秀的玉琮是出自静宁县治平乡后柳河村的三节绿玉琮和瓦珑纹绿玉琮”。（《收藏》第104期，杨伯达语）。这是对齐家文化玉器的最好评价。本玉琮也不愧于人们对齐家文化玉器的这种评价。

备注：存世罕。

石 琮

特征：

年代：新石器时代晚期、齐家文化早期

玉质：石

尺寸：长：85毫米；宽：70毫米；高：58毫米；上端射径：64毫米；下端射径：74毫米；孔径：30毫米

鉴别与欣赏：

■“石之美者曰玉”。本器由较细腻的灰色石料琢成，研磨较光，但侵蚀严重，射孔钻痕明显，时代特征极开门。

■属玉石并用器，由于是早期原始先民们的礼器，相对说来，做得比较规矩，研磨光滑，但毕竟由于工艺

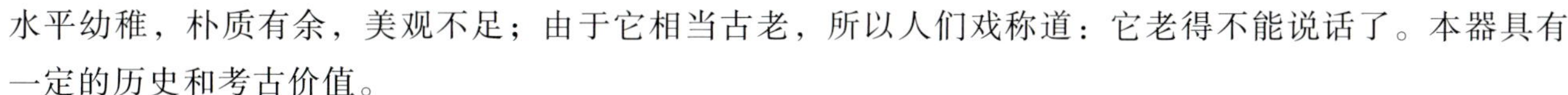

水平幼稚，朴质有余，美观不足；由于它相当古老，所以人们戏称道：它老得不能说话了。本器具有一定的历史和考古价值。

备注：存世罕。

饕餮纹青玉琮

特征：

年代：齐家文化

玉质：和田青玉

尺寸：高：82 毫米；孔径：125毫米

鉴别与欣赏：

■ 玉晶莹滋润，色沁艳丽，有绺裂和白色饭糁，时代特征极开门。

■ 琮四角雕饕餮纹，为半圆雕，玉工琢磨工艺、技法娴熟，落刀、运刀、受刀非常洒脱，使饕餮形象生动，凶猛异常，十分威严，令人有神秘感，应是部族首领祭祀之重器。先民将饕餮图形运用在琮上，其内容和形式达到和谐的统一，增加了琮的神秘和美感，实为齐家文化玉器中之精品。

■ 饕餮纹为商、周青铜文化典型纹饰，因此本器应为齐家文化晚期之作。

备注：存世罕。

饕餮纹青玉琮

特征：

年代： 齐家文化

玉质： 青玉

尺寸： 高：72毫米；外径：65毫米

鉴别与欣赏：

玉质晶莹通透，三面雕刻神兽纹，做工精细，抛光极佳，受沁后出现的红、黄、青等沁色十分艳丽，包浆润泽，皮壳属旧，时代特征极开门。

本器用浅浮雕的手法，雕琢了类似良渚文化的神兽纹。但相比之下又显得简单和粗犷得多，这正是齐家文化学习良渚文化，又滞后于良渚文化的结果。对此器的价值，不仅要从考古资料、制作工艺，更要从远古文化交流的角度去认识。由于受千年黄土的浸染，其自然变化十分丰富、漂亮。这种借鉴东南良渚文化纹饰的艺术风格，也充分显示了古代人们对美的追求。

长江下游最为著名的是良渚文化，琢磨玉器是良渚文化的重要特征之一。良渚文化玉器品种较多，可分为礼仪、佩挂、镶嵌穿缀用玉三大类。礼仪用玉多为琮、璧、钺、斧、玉杖首。佩挂类为珠、坠、管佩等组成的成串项链。镶嵌穿缀类主要是玉粒和玉泡。从总体上看其玉器多呈圆形或方形，有一定的程式。

备注：存世极少。

扁平琮形玉器

特征：

年代：齐家文化

玉质：青玉

尺寸：长：131毫米；宽：115毫米；孔径：毫米；厚：3毫米

鉴别与欣赏：

青灰色玉料，有褐色沁斑点，体为扁平微弧长方形，素面无纹，资料称之为“扁平琮形器”，包浆老气，年代特征开门。

齐家文化玉礼器中琮和璧为重器，种类较多，造型各异，但这种琮形器还少见。

备注：存世较少。

镯式琮

特征：

年代：齐家文化

玉质：青玉

尺寸：上端射径：94毫米；下端射径：91毫米；孔径：80毫米；高：29毫米

鉴别与欣赏：

玉呈青色，褐色沁，边缘有磕碰缺口和自然绺裂，包浆老气，皮壳属旧，时代特征开门。

琮是古代重要的礼器，“以黄琮礼天”，是先民祭祀之物，用作手镯似乎不太可能。“镯式”是现代人们对它的称谓，先民们究竟用过没有，谁也不得而知，不过此琮上下两端均遭磕碰，能否证明是戴在手上使用时形成的？果真如此，它的历史文化内涵就十分丰富了。

日本国林巳奈夫最早提出琮的来源可能是一种妇女的手镯，以后逐渐演变成礼器的。

备注：存世罕。

墨玉臂式八面琮

特征：

年代：齐家文化

玉质：墨玉

尺寸：上端射径：125毫米；下端射径：128毫米；孔径：106毫米；高：86毫米

鉴别与欣赏：

■ 玉呈墨绿色，有浅绿色丝状沁或石纹，造型独特，研磨精细，抛光极佳，包浆滋润，皮壳属旧，时代特征开门。

■ 本器可套在手臂上，人称臂式琮，造型为八面圆射，十分独特，由于研磨、抛光十分精细，故虽历经数千年，仍显得雍容华贵，富丽堂皇，美丽非凡，充分显示了齐家文化玉工们精湛琢玉的技艺和高超的审美能力。

备注：存世罕。

双羊镯式琮

特征：

年代：齐家文化

玉质：青玉

尺寸：孔径：62毫米；厚：38毫米；最大外形尺寸：132毫米

鉴别与欣赏：

玉呈青色，晶莹滋润，受沁后有黑糁和褐色、灰色沁，包浆凝聚，光泽强烈而温润，年代特征极开门。

本器雕刻有两个羊头，形象生动，充分表现出齐家文化玉工们追求具象写实的意境，追求纹饰的柔美、流畅和那种栩栩如生的神韵。

备注：存世罕。

多节青玉琮

特征：

年代：齐家文化

玉质：青玉

尺寸：高：145毫米；上端射径：68毫米；孔径：73毫米

鉴别与欣赏：

琮由五节组成，玉质晶莹滋润，黑红色沁占据约二分之一，与玉本色青绿色相衬十分漂亮，年代特征开门。

本器用料上乘，做工精细，形态挺拔，显得特别庄重气派，在齐家文化众多玉器中，此器也莹卓独立，堪称上乘中之佳品。

备注：存世罕。

六面琮

特征：

年代： 齐家文化

玉质： 青玉

尺寸： 高：92毫米；上端射径：58毫米；孔径：45毫米

鉴别与欣赏：

■ 玉质晶莹，有条状红沁、白糁和自然形成绺裂沁斑，全器琢磨精细，抛光极佳，包浆滋润，年代特征开门。

■ 琮为六面体，体细长，射口外撇，造型独特，十分清秀，整体形象表现出一种恬淡淡泊而又玉洁冰清的艺术美。

备注：存世罕。

弦纹圆琮

特征：

年代：齐家文化

玉质：青绿玉

尺寸：高：59毫米；上端射径：89毫米；孔径：77毫米

鉴别与欣赏：

■ 玉质碧绿晶莹，有灰白色透明糁，局部钙化，全器自然碎裂，像瓷器开片状，十分漂亮，时代特征极开门。

■ 全器呈圆形，由两道弦纹分四个部分组成，上、下射微微外撇，整体造型十分美观。本器色沁因像瓷器开片一样，层次透明，绚丽非凡；由于用料上乘，研磨精细，保存完好，故弥足珍贵。

备注：存世罕。

弦纹大圆琮

特征：

年代：齐家文化

玉质：白玉

尺寸：高：139毫米；上端射径：86毫米；孔径：74毫米

鉴别与欣赏：

基本钙化，露底处白玉成块状、条状，半透明，全器造型美观，年代特征极开门。

本器由三道弦纹四等分组成，是齐家文化玉琮的另类，造型浑圆饱满，大气凝重，十分耐人赏玩。

备注：存世罕。

十字琮

特征：

年代：齐家文化

玉质：白玉

尺寸：高：42毫米；上端射径：74毫米；孔径：66毫米

鉴别与欣赏：

此琮晶莹滋润，十分漂亮，历经千年沧桑，玉质微微泛黄，受沁后有黑糁、白糁，年代特征极开门。

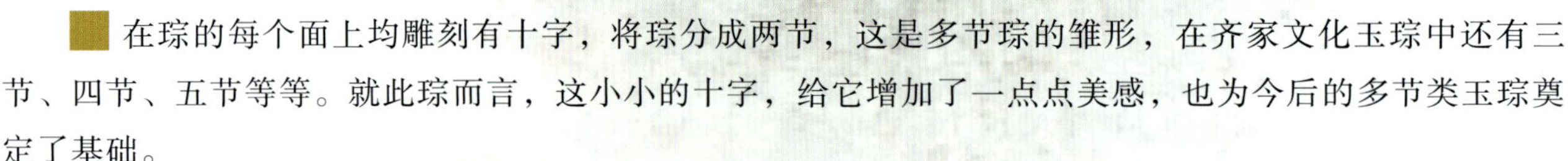

在琮的每个面上均雕刻有十字，将琮分成两节，这是多节琮的雏形，在齐家文化玉琮中还有三节、四节、五节等等。就此琮而言，这小小的十字，给它增加了一点点美感，也为今后的多节类玉琮奠定了基础。

备注：存世罕。

三面日字琮

特征：

年代：齐家文化

玉质：青玉

尺寸：高：42毫米；上端射径：48毫米；孔径：38毫米

鉴别与欣赏：

■ 呈青绿色，局部深绿色斑沁，包浆老气，年代开门。

■ 全器为圆形等分成六份，其中三份被磨去，形成凸出的三个面，每个面有一道小槽，使面成日字，故名“三面日字琮”。本器造型独特，是琮中异类。

备注：存世罕。

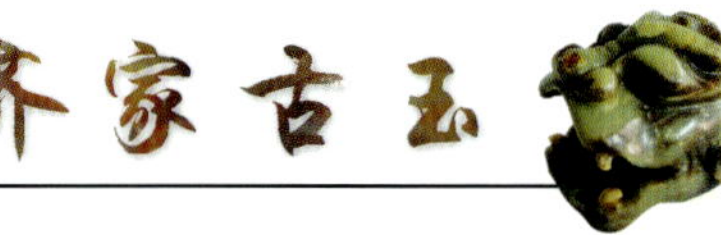

小长琮

特征：

年代：齐家文化

玉质：青玉

尺寸：长：200毫米；上端射径：50毫米；下端射径：48毫米

鉴别与欣赏：

受沁后色彩斑斓，晶莹剔透，十分漂亮。包浆凝聚，光泽强烈而温润，年代特征开门。

本器琢磨精细，抛光极精，器细长而壁极薄（最薄处仅1~2毫米），加上大自然对色沁的渲染，使全器显得富丽堂皇，漂亮非凡，显示了齐家文化玉工十分精湛的制作工艺，堪称为当时的艺术珍品。

备注：存世罕。

大长琮

特征：

年代：齐家文化

玉质：青玉

尺寸：长：182毫米；射径：78毫米；孔径：69毫米

鉴别与欣赏：

■ 研磨、抛光极佳，质地透灵，包浆凝聚，光泽强烈而滋润，出现五色花沁，年代特征明显。

■ 全器晶莹剔透，五彩缤纷，灿烂夺目，艳丽非凡，仿佛摆在你面前的不是一件古代玉器，而是现代新加工的漂亮的玻璃制品，它是那么漂亮美观，那么富丽堂皇，那么的气度不凡！

备注：存世罕。

八面琮

特征：

年代：齐家文化

玉质：白玉

尺寸：高：20毫米；上端射径：76毫米；孔径：64毫米

鉴别与欣赏：

■ 玉质已变，呈灰褐色白玉露底，年代特征开门。

■ 玉琮壁八面等分，造型别致，与其说是玉礼器还不如说是玉手镯，但它的确是琮，因为比它小、长的类似的琮还有。齐家文化玉礼器中琮和璧比较多，形状也十分繁杂，有些器物还特别怪异，很值得探讨和研究。

备注：存世罕。

小八面琮

特征：

年代：齐家文化

玉质：青玉

尺寸：高：22毫米；上端射径：45毫米；孔径：38毫米

鉴别与欣赏：

琮下半部钙化呈灰白色，有黑糁，上半部青褐色。全器琢磨精细，色调搭配好看，显得十分清新乖巧，年代特征开门。

本器做工精细，色泽滋润，小巧玲珑，耐人赏玩。

备注：存世罕。

方　琮

特征：

年代：齐家文化

玉质：青玉

尺寸：高：42毫米；上端射径：75毫米；孔径：60毫米

鉴别与欣赏：

局部钙化，青玉露底，年代特征开门。

为齐家文化玉礼器琮的标准器型，矮小光素无纹，虽然出现钙化痕迹，但其制作规整，用料上乘的礼仪特征全部具备。

备注：存世罕。

大方琮

特征：

年代：齐家文化

玉质：青玉

尺寸：高：73毫米；上端射径：124毫米；孔径：103毫米

鉴别与欣赏：

■ 青玉制作，有明显的古代加工的线切痕。受沁后，局部有钙化、绺裂和自然缺口，年代特征开门。

■ 虽是玉礼器，但加工、研磨和抛光一般，可能是齐家文化早期作品。由于有线切痕，对研究齐家文化玉器的加工工艺，提供了直接的信息。

备注：存世罕。

方形井字琮

特征：

年代：齐家文化

玉质：青玉

尺寸：高：56毫米；上端射径：89毫米；孔径：72毫米

鉴别与欣赏：

■ 玉呈青白色，半透明，有深绿色沁斑和白色、绿色糁，包浆滋润，皮壳属旧，时代特征开门。

■ 琮面以两横两竖沟槽形成一个井字，将琮面分成九块，使整体造型十分端庄秀美，齐家文化玉工们喜欢用这种沟槽的纵横来装潢琮面，使之生动活泼，美观大方，这也是这一时期独具特色的装饰手法。

备注：存世罕。

圆形目字琮

特征：

年代：齐家文化

玉质：青玉

尺寸：高：33毫米；上端射径：43毫米；孔径：38毫米

鉴别与欣赏：

■ 玉质已变，呈青灰色，青玉底，半透明，有黑色丝状糁，包浆老气，皮壳属旧，年代特征开门。

■ 圆形，琮面成目字。全器琢磨精细，小巧玲珑，色沁艳丽，十分美观，耐人赏玩。

备注：存世罕。

方形瓦珑琮

特征：

年代：齐家文化

玉质：青玉

尺寸：高：76毫米；上端射径：83毫米；孔径：70毫米

鉴别与欣赏：

■ 玉质晶莹剔透，光泽强烈而温润，有褐色浸斑和绺裂，凸起的竹节玉楞和色沁使造型美观大方，包浆老气，年代特征极开门。

■ 历经数千年，本器依然漂亮如新，足见其用料好、研磨精；虽深藏在黄土中，千年的湮没使之不朽，真是令人难以置信，这就是玉的神秘之处。

备注：存世罕。

圆形饕餮纹琮

特征：

年代：齐家文化

玉质：青玉

尺寸：高：62毫米；上端射径：65毫米；孔径：46毫米

鉴别与欣赏：

玉质晶莹通透，有褐红色沁和白色饭糁，琮面雕刻两幅饕餮纹图案，为浅浮雕。全器琢磨精细，光泽强烈而温润，包浆凝聚，时代特征极开门。

和田玉进入王室，始于齐家文化，盛于夏商。由于有了铜质的铊机和已经改进的青铜铊子带动蘸水沙磨制玉材成器，有了良玉和利器，夏商玉器工艺提高成为可能。本器应是早夏早商时期之物，鉴于饕餮纹也是商代典型纹饰，此器有可能是齐家文化末期或更晚时期的作品。

备注：存世罕。

羊面琮

特征：

年代：齐家文化

玉质：青玉

尺寸：高：92 毫米；上端射径：48 毫米；下端射径：28毫米

鉴别与欣赏：

■ 青玉琢制，受沁后有灰白色、褐色沁斑和绺裂，局部有黑糁。年代特征极开门。

■ 全器整体造型为一羊头，羊嘴用下端射孔替代，形象十分逼真，雕刻刀法娴熟，线条流畅自然，加上研磨精细，抛光极精，晶莹剔透，艳丽非凡，是齐家文化玉礼器中难得的珍品。

■ 本器十分特殊，射孔上大下小，但差别太大，比较厚重，不似把玩之器，应属玉礼器范畴，故定名为琮。

备注：存世罕。

三面三枭玉琮

特征：

年代：齐家文化

玉质：青玉

尺寸：上端射径：88毫米；下端射径：85毫米；高：97毫米；孔径：52毫米

鉴别与欣赏：

■ 青玉琢制，通体呈蛤蟆皮状，但仍通透，有红、褐、黄、绿、青和灰等色沁，包浆老气，皮壳属旧，时代特征极开门。

■ 此玉琮为三面形，在三面交汇处雕刻有三只枭。枭为浅浮雕状，刀法简练，线条流畅，仅寥寥数笔，枭即栩栩如生，加之色沁五彩斑斓，更使玉琮整体显得雄浑饱满，大气凝重，十分漂亮。玉枭在红山文化中出现较多，较红山文化晚的齐家文化出现类似的玉雕是不足为怪的了。

备注：存世罕。

牛面琮

特征：

年代： 齐家文化

玉质： 青玉

尺寸： 高：145毫米；射径：92毫米；孔径：86毫米

鉴别与欣赏：

玉质晶莹，受沁后有褐色、灰色沁斑和黑色丝状糁，局部有绺裂和自然缺口，包浆老气，皮壳属旧，年代特征开门。

琮的两面雕刻有牛头面，为浅浮雕，图形简单，形象逼真，琢磨精细，全器大而薄，最薄处仅有1~2毫米，可见当时玉工琢磨技艺之精，是齐家文化玉礼器中不可多得的精品。

备注：存世罕。

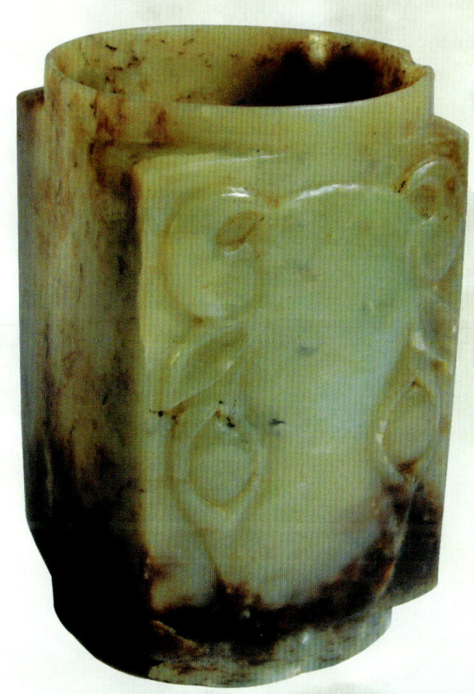

人面琮

特征：

年代： 齐家文化

玉质： 青玉

尺寸： 长：156毫米；射径：98毫米；孔径：90毫米

鉴别与欣赏：

青玉底，玉质晶莹，有透明感，边缘有自然缺口，受沁后有黑糁、褐黑色斑和褐红色沁，包浆滋润，时代特征开门。

琮的两面以浅浮雕雕刻人面，形象鲜明生动栩栩如生。在新石器时代马家窑彩陶文化中就有“人头罐”的人头圆雕，晚于它的齐家文化，先民们对自己形象的崇拜和追求就不足为怪了。全器琢磨精细，抛光极佳，大气凝重，神韵自然，是齐家文化玉礼器中的精品。

备注：存世罕。

兽面琮（玉琥）

特征：

年代：齐家文化

玉质：青玉

尺寸：高：95毫米；上端射径：84毫米；孔径：55毫米

鉴别与欣赏：

■ 玉质晶莹滋润，呈青灰色，有褐色沁和黑糁，雕琢兽面形象生动，研磨、抛光俱佳，包浆凝聚，年代特征开门。

■ 本器正面像人，但与人面琮的鼻子略有不同，也是用琮的射孔做嘴，但嘴的上下均有獠牙，且开口较长，整体形象狰狞凶猛，十分生动。全器为圆雕，雕刻线条流畅自然，造型富于变化，变化中又自有规律，而且立体感很强，是齐家文化玉器中构思绝妙的佳作。

备注：存世罕。

神人兽面琮

特征：

年代：齐家文化

玉质：青玉

尺寸：高：100毫米；上端射径：93毫米；下端射径：88毫米

鉴别与欣赏：

受沁后，有大片褐色沁斑和绺裂，玉质晶莹，半透明，制作精细，雕刻细腻，年代特征开门。

琮分为两部，上半部雕刻三道弦纹，两长一短，下半部雕刻有仿照良渚文化的神人兽面纹饰，由于是仿造，整体造型只能表现出模仿图形、图案而追求形似、严整，讲究对称的趋向，似乎不太重视纹饰的神似、柔美、流畅和那种栩栩如生的神韵。

备注：存世罕。

葫芦形琮

特征：

年代：齐家文化

玉质：青玉

尺寸：长：260毫米；高：80毫米；大孔孔径：86毫米；小孔孔径：56毫米

鉴别与欣赏：

■ 圆雕葫芦形状，两射孔向上，有自然形成的绺裂和脱落。全器晶莹通透，研磨精细，十分美观，年代特征极开门。

■ 新石器时代马家窑彩陶就有葫芦形状的彩陶罐和葫芦样纹饰，齐家文化玉礼器出现葫芦形玉琮也就不足为怪了，它充分反映了远古先民们对葫芦这种植物多子、多孙的期盼。用上乘的和田青玉，用这么大的玉料来加工，反映出本器在先民心中具有十分神圣而又尊崇的地位。

备注：存世罕。

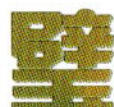

璧

特征：

年代： 齐家文化

玉质： 墨玉

尺寸： 外径：148毫米；孔径：50毫米；厚：5~6毫米

鉴别与欣赏：

■ 玉呈墨绿色，在钻孔接茬处透光可见青绿色，局部有白色颗粒状、条状沁斑，研磨精细，器表光滑，但仍可见古代玉工线切割痕迹。时代特征极开门。

■ 齐家文化玉礼器是以琮、璧为主，据资料记载，出土最多的还是玉石璧，甘肃武威皇娘娘台墓地多出玉石璧，少则一件，48号墓多达83件，应与礼仪、殉葬有关。

■ 璧为齐家文化玉礼器之典型器，因此本器加工精细、造型规矩。由于是早期器，因加工而留下的钻孔接茬和线切割痕十分明显，给我们留下了解古代加工工艺的实物佐证。本器的时代气息和文化底蕴极强。

备注：存世较多。

璧

特征：

年代：齐家文化

玉质：和田青玉

尺寸：外径：152毫米；孔径：50毫米；厚：6毫米

鉴别与欣赏：

■ 青白色，质地灵透，受沁后有黑糁和绺裂，包浆滋润，皮壳属旧，时代特征极开门。

■ 本器为齐家文化玉礼器之典型器，打磨精细，抛光后看不见加工痕迹。全器晶莹滋润，色泽艳丽，十分美观。

备注：存世较多。

异形璧

特征：

年代：齐家文化

玉质：白玉

尺寸：最大外径：198毫米；孔径：36毫米；厚：6毫米

鉴别与欣赏：

不规则圆形，白玉琢制，受沁后有墨绿色饭糁和浅褐色沁，开片不均，厚薄不匀，但研磨抛光均佳，包浆老气，皮壳属旧，时代特征开门。

作为齐家文化玉礼器，应该制作得十分规矩，不会是这个形状，但此器因材好，琢磨精，应属礼器范畴，可能是早期礼器。本器由于千年沧桑和环境的影响，平面度略有扭曲变形，但仍晶莹滋润，大方美观。

备注：存世较少。

璧

特征：

年代：齐家文化

玉质：墨玉

尺寸：外径：323毫米；孔径：90毫米；厚：14毫米

鉴别与欣赏：

■ 制作简单，光素无纹，正面打磨光滑，背面毛坯。单面钻孔，孔壁略斜，含云母片，年代特征开门。

■ 本器虽历数千年，但正面如镜面般光滑，仍然光可照人，十分漂亮。人称玉璧大于二百毫米者为大器，本器外径达323毫米，虽光素无纹，但端庄典雅，大气凝重，实为齐家文化玉璧中的佼佼者。

备注：存世罕。

嵌绿松石墨玉璧

特征：

年代： 齐家文化

玉质： 墨玉

尺寸： 外径：204毫米；孔径：66毫米；厚：6毫米

鉴别与欣赏：

■本器由墨玉琢制，微透，局部有绺裂，在璧正面嵌有六颗绿松石，显得十分润泽、美观。全器琢磨精细，松石镶嵌平整，抛光极佳，虽经数千年，仍包浆徐徐铺满，时代特征极开门。

■用绿松石嵌玉早在良渚文化、龙山文化就已出现，齐家文化也有。本器由于以墨玉为底，绿松石显得特别漂亮，实乃齐家玉器之精品。古代玉匠为何钟情绿松石，用来镶嵌，实因绿松石材质最适合镶嵌工艺。首先是绿松石硬度较低，为摩氏5度左右，易于切割，加之色泽绚丽，犹如天然松绿，更为鲜艳美观，而且绿松石色泽的深浅随其所含水分的高低而变化，令人神往。

备注：存世罕。

璧

特征：

年代：齐家文化

玉质：和田青玉

尺寸：外径：175毫米；孔径：52毫米；厚：2~3毫米

鉴别与欣赏：

受沁后，呈浅绿色青斑、红斑、灰斑等色块，玉质晶莹透明，十分漂亮，包浆凝聚，综合分析特征开门。

本器为齐家文化中之典型器，造型规矩，薄而光滑，但璧两边对称磨有一道斜面，是刃非刃，是否钺，十分令人费解。先民们用途何在？但不管怎样，它晶莹滋润，色沁艳丽，又令人爱不释手。

备注：存世罕。

两联璧

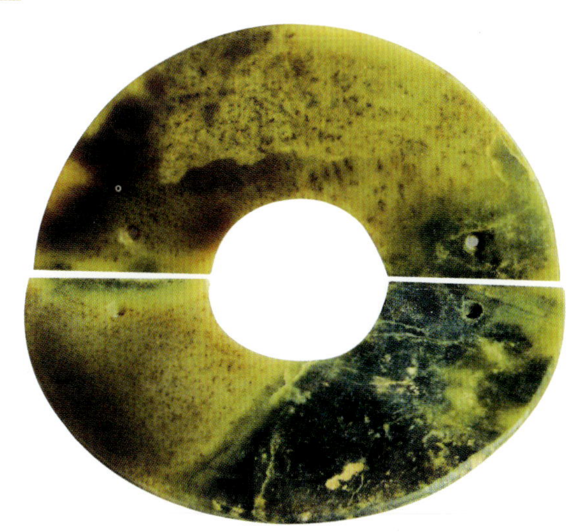

特征：

年代：齐家文化

玉质：青玉

尺寸：外径：162毫米；孔径：50毫米；厚：3~4毫米

鉴别与欣赏：

■ 受沁后，局部变黑，有绺裂和褐色沁，玉质晶莹滋润，研磨抛光均佳，虽厚薄不均，有加工痕，但仍美观大方。包浆老气，时代特征极开门。

■ 这是“单片为璜，双片成璧”的典型器，虽光素无纹，但仍十分精美。本器单片上均有两孔，可以用绳子连接组合成璧，也可由绳子系上单片成璜。

■ 齐家文化玉器有单片的璜，但大多是由多片璜组成的多璜联璧。玉璜出现于新石器时代，河姆渡文化、菘泽文化、良渚文化、龙山文化等原始文化遗址中都有发现，其用途主要有为佩饰、礼器和表示祥瑞。

■ 《周礼》：“以玄璜礼北方。”在古代祭祀或礼仪活动中，常设有璧、琮、圭、璋、璜、琥等玉礼器，并有固定的方向，玄璜是用以礼北方的玉器。当然齐家文化年代远远早于《周礼》，但远古先民用于祭祀的情节应是一脉相承的。

备注：存世较少。

三联璧

特征：

年代：齐家文化

玉质：青玉

尺寸：外径：145毫米；孔径：45毫米；厚：6毫米

鉴别与欣赏：

■ 边缘有自然缺口和裂纹。有涂朱形成的暗红色沁。局部有黑糁和褐色斑，包浆老气，特征开门。

■ 本器由三片璜组成，每片璜均有两孔，是“单片为璜，多片为璧”的典型器，据说古代先民惜玉，将加工破碎的玉料再加工，做成这种拼装而成的“多璜联璧”。本器玉质晶莹，半透明，呈青绿色。研磨精细，制作规矩，虽光素无纹，但还算漂亮。

备注：存世较多。

璧

特征：

年代：齐家文化

玉质：和田白玉

尺寸：外径：173毫米；孔径：52毫米；厚：5毫米

鉴别与欣赏：

■ 玉质晶莹通透。受沁后，局部有黑糁和钙化斑，包浆凝聚，光泽强烈，年代特征明显。

■ 用料上乘，制作精细，温润晶莹，细腻润泽，美观大方。为齐家文化玉礼器中漂亮的作品。

备注：存世罕。

璧

特征：

年代： 齐家文化

玉质： 青玉

尺寸： 外径：178毫米；孔径：60毫米；厚：8毫米

鉴别与欣赏：

■ 玉质呈褐青色，有黑糁、条状黑色沁和乳白色沁，晶莹润泽，手感极佳，包浆滋润，年代特征开门。

■ 本器做工十分精细，研磨、抛光均佳，造型标准，美观大方，充分显示了齐家文化重视玉礼器的特色。

备注：存世较少。

璧

特征：

年代： 齐家文化

玉质： 白玉

尺寸： 外径：178毫米；内径：60毫米；厚：9毫米

鉴别与欣赏：

■ 玉质晶莹滋润，白玉露底，半透明，受沁后，有大片褐红色、灰色、黑色沁斑。全器包浆凝聚，时代特征极开门。

■ 本器用料上乘，制作精致，琢磨、抛光均佳，十分厚重。本器应为齐家文化玉礼器，全器晶莹润泽，显得雍容华贵，富丽堂皇。

备注：存世罕。

双璜联璧（单片为璜）

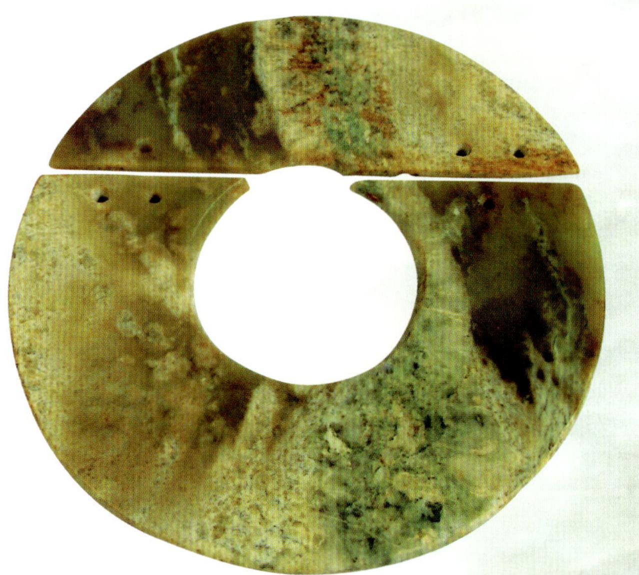

特征：

年代：齐家文化

玉质：白玉

尺寸：外径：181毫米；内径：68毫米；厚：5~6毫米

鉴别与欣赏：

■ 白玉露底，局部钙化呈灰白色沁斑，有黑色饭糁和绺裂，背面有自然剥落，玉半透明，琢磨俱佳，时代特征极开门。

■ 本器与其他多璜联璧不同，是沿内径之切线将璧分割成两片，这种分法十分少见。古代先民将它用在什么场合，不得而知，但不管怎样，它用料考究，琢磨精细，造型独特，不失为一件上乘之作。

备注：存世罕。

四璜联璧（单片为璜）

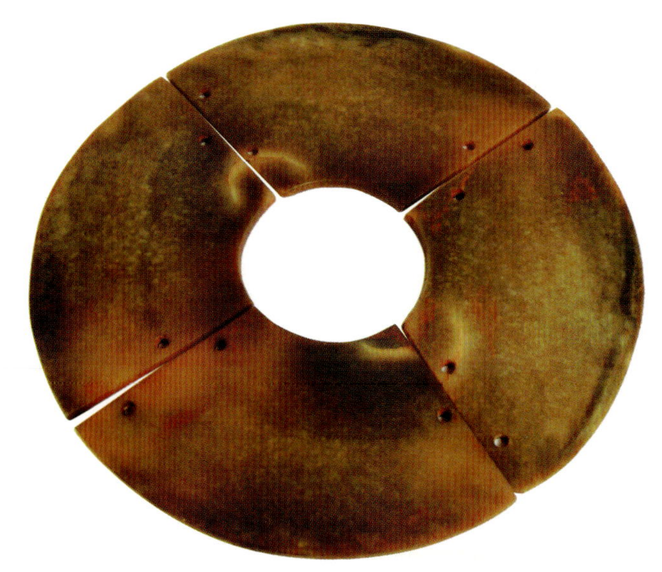

特征：

年代：齐家文化

玉质：白玉

尺寸：外径：216毫米；内径：62毫米；厚：4毫米

鉴别与欣赏：

■ 玉色已变，大部分为褐色，白玉露底，有白色饭糁、黑色沁斑和局部绺裂，每片两边均钻有单、双孔，年代特征开门。

■ 本器用料上乘，做工精细，玉色虽变，但仍光滑温润。

备注：存世罕。

五璜联璧（单片为璜）

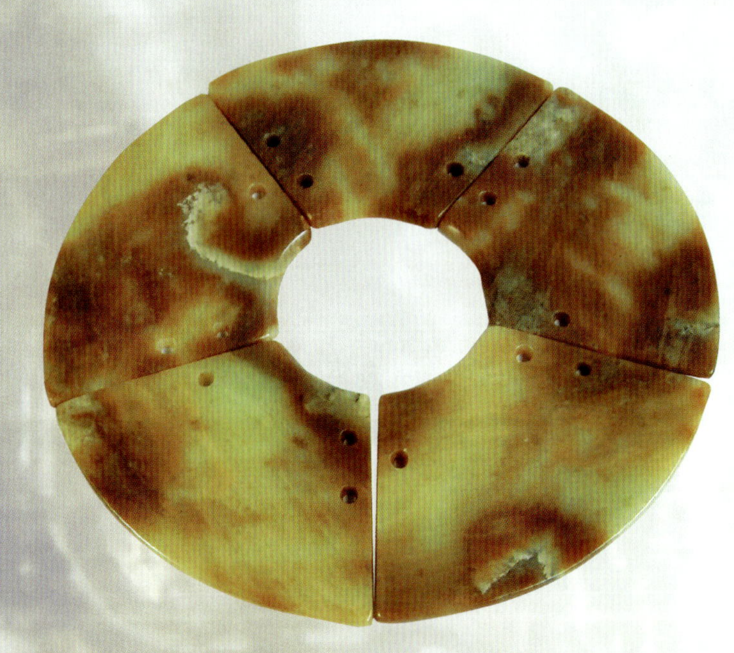

特征：

年代：齐家文化

玉质：青玉

尺寸：外径：300毫米；内径：94毫米；厚：3~4毫米

鉴别与欣赏：

■ 由五块大小不同的璜片组成，玉质晶莹滋润，受沁后，有褐色沁斑和黑糁，每片钻有三孔，包浆凝聚，时代特征开门。

■ 本器组成较大，单片并不大，但琢磨精致，每片厚薄虽然略有差异，组成联璧后却富丽堂皇，光彩照人，应是齐家文化玉器中的精品，经千年沧桑，仍能完整保存，实属不易。

备注：存世罕。

六璜联璧（单片为璜）

特征：

年代： 齐家文化

玉质： 青玉

尺寸： 外径：350毫米；内径：130毫米；厚：8毫米

鉴别与欣赏：

■ 由六片大小相同的璜组成，璜的两边钻孔，一双一单，璧整体呈松青绿色，边缘有褐红色沁，包浆滋润，年代开门。

■ 本器开片：研磨均佳，整体效果十分大方美观，松青绿色晶莹滋润，且保存完好，是齐家文化玉礼器中的珍品。

备注：存世罕。

九璜联璧（单片为璜）

特征：

年代：齐家文化

玉质：松青绿玉

尺寸：外径：450毫米；内径：200毫米；厚：5毫米

鉴别与欣赏：

■ 玉呈松青绿色，边缘有自然缺口和绺裂，沁色如天然松针状青绿不一，包浆老气，皮壳属旧，年代特征极开门。

■ 本器由九块大小相同的璜片组成，用料上乘，开片均匀，琢磨精致。全器拼装后，硕大壮观，玉质晶莹，富丽堂皇，光彩照人，是齐家文化玉礼器中的重器，问题是先民们用它来干什么呢？

备注：存世罕。

璧

特征：

年代： 齐家文化

玉质： 青玉

尺寸： 外径：132毫米；内径：32毫米；厚：6毫米

鉴别与欣赏：

■ 不规整圆形，内孔略偏，玉有局部钙化斑和绺裂，边缘有自然缺陷，琢磨较好，玉质滋润，时代特征开门。

■ 应属齐家文化玉礼器早期作品。

备注：存世较少。

异形璧

特征：

年代： 齐家文化

玉质： 白玉

尺寸： 外径：145毫米；孔径：56毫米；厚：5毫米

鉴别与欣赏：

玉呈淡褐色，白玉露底，有绿色沁和黑糁，外形为不规则椭圆，玉质滋润，包浆老气，年代特征开门。

异形璧比较少见，有人认为是薄形琮的变异，由于无资料可查，不敢苟同。

备注：存世较少。

璧

特征：

年代：齐家文化

玉质：白玉

尺寸：外径：220毫米；内径：62毫米；厚：7毫米

鉴别与欣赏：

白玉露底，受沁后有大片褐色、灰色、黑色沁斑和黑色饭糁，玉质润泽，做工精细，包浆凝聚，皮壳属旧，时代特征极开门。

本器属齐家文化玉礼器之典型器，造型标准，用料、琢磨、抛光俱佳，十分厚重。人们习惯将玉璧外径大于200毫米者称大器，此璧亦然。全器晶莹滋润，大气凝重，显得雍容华贵，气派非凡。

备注：存世较少。

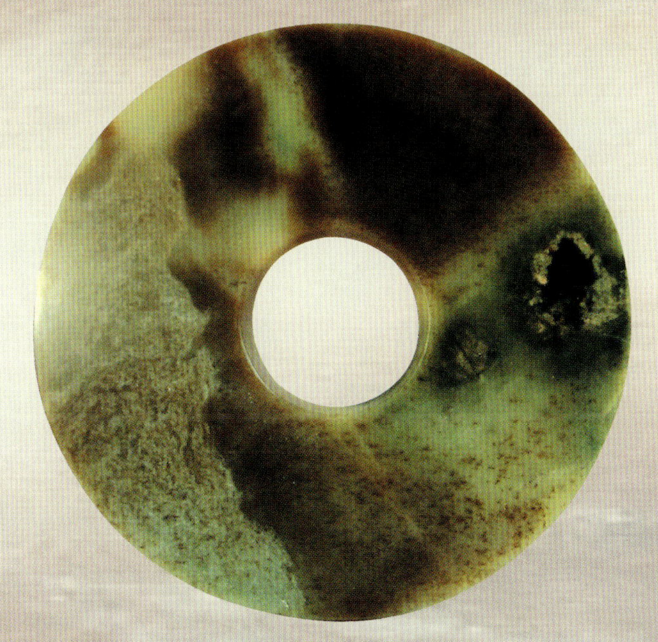

璧

特征：

年代：齐家文化

玉质：白玉

尺寸：外径：178毫米；内径：60毫米；厚：7毫米

鉴别与欣赏：

■ 受沁后局部有褐色沁斑和黑糁，做工规整，琢磨精细，晶莹滋润，时代特征开门。

■ 为齐家文化玉礼器之典型器物，用料上乘，做工精细，研磨抛光不留任何痕迹。此器外径为178毫米，与前面一些璧外径一致，绝非偶然，可能在当时也有一个标准化问题。

备注：存世较少。

钺

特征：

年代： 齐家文化

玉质： 石夹玉

尺寸： 高：220毫米；上端宽：135毫米；刃宽：180毫米；厚：15毫米

鉴别与欣赏：

全器呈灰色，石质中夹有绿白色玉粒，正面较光滑，背面粗糙，有明显的切割痕，时代特征极开门。

钺顶部有一小穿，两边有突起的脊齿，刃成圆弧状，无使用痕迹，应为先民们最原始的礼仪器。脊齿和小穿，既有装饰作用，也是为了方便与朱干捆扎而特制的。试想，捆绑在朱干上的它是够威严吓人了。

备注：存世较多。

绿玉圆形钺

特征：

年代：齐家文化

玉质：绿玉

尺寸：高：148毫米；宽：145毫米；厚：6毫米

鉴别与欣赏：

有圆弧顶和刃，边有脊齿，顶部有小穿，中部有一斜钻大孔，受沁后有局部灰斑，半透明，包浆老气，色彩艳丽，时代特征极开门。

本器晶莹滋润，琢磨精细，通体抛光，造型标准，加上漂亮的色沁使全器更显得美观大方，是齐家文化玉器中的佼佼者。

用料上乘，制作精细，是齐家文化玉器中玉礼器的一大特征，本器则是最好的佐证。

备注：存世罕。

圆形钺

特征：

年代：齐家文化

玉质：青玉

尺寸：高：164毫米；宽：197毫米；厚：7毫米

鉴别与欣赏：

■ 本器打磨细腻，用料上乘，三道弦纹将小穿与大孔分开，加上圆弧形头、肩齿和弧形刃，整体造型十分漂亮。受沁后，有几块乳白色土沁，衬之青绿晶莹的玉色，显得美观大方。包浆滋润，时代特征极开门。

■ 故宫博物院收藏之青玉圆形钺，已断为三块后黏合，且侵蚀严重。（《古玉精粹》7，商，青玉圆形钺）。本器大气凝重，晶莹剔透，十分润泽，色彩艳丽，漂亮非凡，故玉器专家杨伯达先生曾用“最为优秀的”几个字来形容。

备注：存世罕。

弦纹脚形钺（左向）

特征：

年代：齐家文化

玉质：和田青玉

尺寸：高：155毫米；宽：132毫米；厚：8毫米

鉴别与欣赏：

■ 肩齿、弦纹、钻孔、灰斑和色沁，加上这一独特的造型，使本器时代特征极开门。

■ 受沁后局部出现块状灰斑和深绿色青斑，在浅绿底色的衬托下，全器晶莹剔透，十分漂亮。历史文化底蕴极强。

■ 本器虽为钺，为玉兵器、玉礼器，但制作得圆润，丰腴端庄秀美，无使用痕迹。

备注：存世罕。

弦纹脚形钺（右向）

特征：

年代：齐家文化

玉质：和田青玉

尺寸：高：148毫米；宽：145毫米；厚：6毫米

鉴别与欣赏：

■ 造型与上器基本相同，只是方向相反，受沁后五彩斑斓，晶莹通透，包浆滋润，时代特征开门。

■“钺”乃兵权的象征，先民们用上乘的和田玉制造这一左一右的钺，自然是显示兵权、礼仪的重要。如果作为把玩之器，也令人爱不释手。

备注：存世罕。

异形钺

特征：

年代：齐家文化

玉质：青玉

尺寸：高：120毫米；宽：120毫米；厚：5毫米

鉴别与欣赏：

■ 玉晶莹通透，受褐色沁，局部钙化呈灰白色，两侧各有三个齿牙，时代特征极开门。

■ 圆弧顶，刃与其他钺不同，由三段直线组成，故称异形，用料抛光均佳，美观滋润。

备注：存世较少。

钺

特征：

年代：齐家文化

玉质：青玉

尺寸：高：165毫米；宽：145毫米；厚：5毫米

鉴别与欣赏：

受沁后，玉呈青绿色底，有深绿色、灰白色斑，晶莹滋润。包浆老气，年代开门。

造型独特，琢磨精细，三道弦纹和一道反人字纹，加上绚丽的色沁，使钺被装饰得分外别致美观，显示了齐家文化对玉礼器的重视。

备注：存世罕。

钺

特征：

年代：齐家文化

玉质：青玉

尺寸：高：161毫米；宽：145毫米；厚：5毫米

鉴别与欣赏：

■ 玉呈青绿色，有灰白斑、深绿色斑，全器晶莹通透，包浆老气，皮壳属旧，变化特征开门。

■ 本器用料上乘，做工精细，色沁艳丽，十分漂亮。

备注：存世罕。

钺

特征：

年代：齐家文化

玉质：青玉

尺寸：高：160毫米；宽：166毫米；厚：5毫米

鉴别与欣赏：

■ 玉呈青色，受沁后，有绺裂、黑糁和钙化斑。有加工痕，但抛光精细，包浆滋润，年代特征开门。

■ 钺是兵权的象征，尽管本器制作简单，还留有加工痕，但抛光极细，可见齐家文化先民们对玉礼器的重视。

备注：存世较少。

异形白玉钺

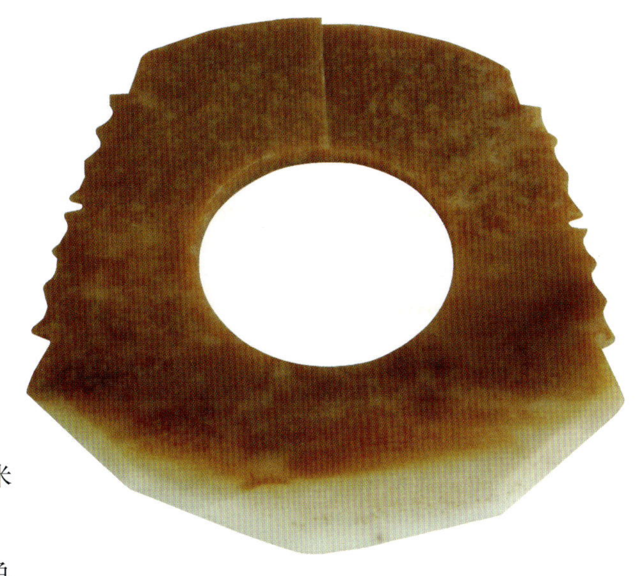

特征：

年代：齐家文化

玉质：白玉

尺寸：高：140毫米；宽：127毫米；厚：6毫米

鉴别与欣赏：

■ 玉质已变，白玉露底，虽出现大片褐红色沁，但仍十分滋润，钺上部留有开片锯痕，使全器厚薄不均，年代特征极开门。

■ 钺两边的扉牙分别由每组三齿的两组脊齿组成，钺刃由四段直线双面刃组成，造型独特，本器用料上乘，打磨精细，光滑滋润，十分漂亮。

备注：存世较少。

异形钺

特征：

年代：齐家文化

玉质：白玉

尺寸：高：218毫米；宽：150毫米；厚：4毫米

鉴别与欣赏：

■ 玉质晶莹润泽，有褐色沁和黑糁，时代特征开门。

■ 此器与其他钺不同，钺顶部有一组脊齿，边也有台阶状齿，使全器显得美观大方。本器造型独特，琢磨精细，色沁漂亮，是齐家文化玉礼器中的上品。

备注：存世较少。

白玉异型钺

特征：

年代：齐家文化

玉质：白玉

尺寸：高：145毫米；宽：83毫米；厚：4~5毫米

鉴别与欣赏：

■ 白玉露底，半透明，局部有条状石纹、褐色沁、钙化斑和绺裂，造型独特，钻孔底部有断茬，包浆老气，年代特征开门。

■ 玉制之钺，不可能用于击杀，此器形状诡异，但又小巧玲珑，制作精细，应属齐家文化玉礼器范畴，亦为把玩、佩带之物。

备注：存世较少。

白玉钺

特征：

年代：齐家文化

玉质：白玉

尺寸：高：120毫米；宽：80毫米；厚：3~4毫米

鉴别与欣赏：

■ 玉已质变，呈青绿杂花色，白玉露底，钺顶部边缘有钙化斑和黑糁，包浆滋润，皮壳属旧，时代特征开门。

■ 此器用料上乘，研磨精细，小巧玲珑，十分艳丽，白玉经千年沧桑后，有这种漂亮色沁的较多，也许与玉质有关吧。

备注：存世较少。

牙璋

特征：

年代：齐家文化

玉质：和田青玉

尺寸：长：525毫米；宽：75毫米；厚：8毫米

鉴别与欣赏：

■ 青玉磨制，栏两边有脊齿状扉牙，内有穿，援首有刃，造型规矩，琢磨精致。受沁后，有褐色侵斑，但仍晶莹滋润，包浆老气，特征开门。

■ 全器庄严气派，形制诡异。牙璋虽为兵器，但无实用意义，作礼器则十分恰当。此器长而薄，大器完整，虽光素无纹，仍不失为齐家文化玉器中的精品。

■ 璋是古代先民使用的礼器，《周礼》所记"六器"，"以赤璋礼南方"，也就是说在古人的礼仪或祭祀活动中，用赤色的璋表示南方的礼事。古人认为璋是瑞玉。那么，什么样的玉器是璋呢？目前认识古玉璋有如下几点：璋有漫长的发展历史，它同圭、璧、琮类玉器产生的时代大体相同。璋是片状玉器，形状与圭有一定关系，呈简练的几何形状。璋的最初形状与兵器有一定的关系，而且可能与刀、戈类兵器有关。

■ 杨伯达先生在《古玉史论》一书中说：殓尸用璋、以璋邸射祭祀山川，赤璋"以礼南方"和牙璋"以起军旅，以治守兵"。

备注：存世少。

黑牙璋

特征：

年代：齐家文化

玉质：试金石

尺寸：长：420毫米；宽：90毫米；厚：6毫米

鉴别与欣赏：

■ 通体漆黑，研磨精细，有石纹，皮壳属旧，包浆老气，时代特征开门。

■ 器由援、栏、内三部分组成。内部有一个穿。上下栏，两栏均有伸出的扉牙。援首两面磨刃，刃呈凹弧状。用试金石类石材作器，齐家文化较多，恐怕源于彩陶制作工艺中所用黑色试金石作磨压器的缘故。此器做工极为精细，扉牙的雕刻犹如现代线切割机床切割的一样，可见先民们琢玉工艺之精。

■ 全器精美无比，虽光素无纹，但那凹凸脊牙和尖尖的弧刃，令人望而生畏，可以想象当时统治者的不可一世和对礼仪的重视。

备注：存世罕。

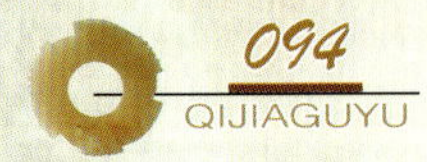

兽面纹青玉璋

特征：

年代：齐家文化

玉质：青玉

尺寸：长：360毫米；宽：88毫米；厚：7毫米

鉴别与欣赏：

玉质晶莹通透，呈青绿色，有绺裂和自然性形变。受沁后，包浆滋润，皮壳属旧，年代特征开门。

内有穿，栏两边各有两组齿牙，援端有八字形弧刃，栏部刻兽面纹。图形简单、幼稚，与龙山文化早期之兽面纹同，时代特征极强。

齐家文化玉器，大都光素无纹，因此，此器就更显珍贵。加之用料上乘，琢磨精致，大气凝重，实属齐家文化玉礼器中的精品。

备注：存世罕。

牙璋

特征：

年代：齐家文化

玉质：青玉

尺寸：长：335毫米；宽：75毫米；厚：7毫米

鉴别与欣赏：

■ 全器表面光滑，受沁后呈褐红色，有牛毛纹，内端局部钙化，器形标准，时代特征开门。

■ 本器援首为斜凸弧刃，一对脊齿简单明朗，加工精细，做工规整，在灯光下呈赤红色，晶莹通透，十分漂亮。

备注：存世较少。

牙　璋

特征：

年代：齐家文化

玉质：青玉

尺寸：长：345毫米；宽：73毫米；厚：5毫米

鉴别与欣赏：

■ 玉呈青黄色，有黑色条纹和白色饭糁，玉质晶莹通透，为齐家文化早期器，时代特征开门。

■ 本璋造型简单，用内凹式四缺三齿替代扉牙，大方而不繁，援首刃呈弧状八字口，两面磨刃，虽光素无纹，但那凹凸的弧刃，也令人望而生畏。

备注：存世较少。

白玉璋

特征：

年代：齐家文化

玉质：和田白玉

尺寸：长：273毫米；宽：87毫米；厚：5毫米

鉴别与欣赏：

■ 玉呈白色，受沁后略泛黄，内和栏部有淡青、深绿、灰白、浅黄等色组成的大片色斑，年代特征极开门。

■ 全器造型标准，简单大方，虽光素无纹，但用料上乘，色沁艳丽，十分美观，是齐家文化玉礼器中的精品。

备注：存世罕。

璋

特征：

年代：齐家文化

玉质：绿玉

尺寸：长：180毫米；宽：80毫米；厚：7毫米

鉴别与欣赏：

绿玉底，受沁后有黑色饭糁和局部钙化斑，研磨、抛光一般，无栏无齿，简单古朴，应为璋之雏形，年代特征开门。

此器短而粗，刃部有使用痕，内有穿，有援无栏，似乎由工具类转入礼器类的原始礼器，极具文物考古价值。

备注：存世罕。

异形璋

特征：

年代： 齐家文化

玉质： 白玉

尺寸： 长：440毫米；宽：105毫米；厚：7毫米

鉴别与欣赏：

■ 色沁极重，沁间有较多白色条沁和牛毛纹，白玉露底，半透明，包浆滋润，皮壳属旧，时代特征极开门。

■ 此璋怪异，不成规矩。内、援两端均有弧形刃，在璋中部仅单边有四齿扉牙，与其他璋大不相同。

■ 全器开片、研磨、抛光均佳，大而薄，十分漂亮。

备注：存世罕。

白玉璋

特征：

年代：齐家文化

玉质：和田白玉

尺寸：长：290毫米；宽：77毫米；厚：5毫米

鉴别与欣赏：

玉质晶莹，半透明，微微泛黄，内、栏部分经千百年大自然的侵蚀，色沁五彩斑斓，十分绚丽，年代开门。

此璋用料上乘，制作精细，色沁绚丽，光洁美观，实为齐家文化玉礼器之标准、上乘之器。

备注：存世极罕。

异形璋

特征：

年代：齐家文化

玉质：白玉

尺寸：长：360毫米；宽：92毫米；厚：7毫米

鉴别与欣赏：

玉已质变，有褐红色沁斑和灰色条状筋斑，但仍晶莹通透，包浆滋润，皮壳属旧，时代特征开门。

本璋无脊齿，内、栏上各钻有一孔，援首斜刃中锋，十分大气，应属璋的雏形，是齐家文化玉礼器之早期器，对研究璋形状的变化提供了实物样品。本器虽制作简单，仍然显得美观大方，时代感极强。

青玉璋

特征：

年代：齐家文化

玉质：青玉

尺寸：长：319毫米；宽：65毫米；厚：5毫米

鉴别与欣赏：

玉质晶莹，有大片的褐红色沁和局部钙化斑，全器制作精细，打磨光滑，整体平面略有形变，包浆滋润，年代特征开门。

本器造型为齐家文化标准器，全器比例协调，大小适中，由于研磨、抛光均佳和漂亮的色沁，使其显得绚丽庄重，气韵非凡。

备注：存世较少。

青玉璋

特征：

年代：齐家文化

玉质：青玉

尺寸：长：303毫米；宽：83毫米；厚：5毫米

鉴别与欣赏：

■ 玉质内晶状结构依稀可见，晶莹透明，层次感极强，受沁后有红色、灰色和乳花状沁斑，包浆滋润，时代特征开门。

■ 造型独特，琢磨精细，结构严谨。与其他璋不同，本器变化了的两排齿牙，在整齐中有变化，变化中又自有规律，使全器显得气韵生动，美观大方，是齐家文化玉礼器中的佳作。

备注：存世较少。

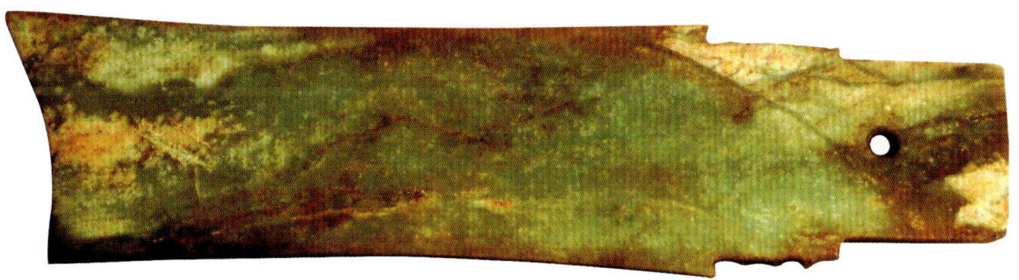

圭

特征：

年代：齐家文化

玉质：白玉

尺寸：长：258毫米；宽：92毫米；厚：3毫米

鉴别与欣赏：

■受沁后，白中微微泛黄，柄部有五色沁斑，器型规整，时代特征开门。

■齐家文化玉圭与新石器时代玉圭相同，呈长条形，一端窄，有孔，另一端似有刃。本器是齐家文化典型器，是重要的古代玉礼器，故用料上乘，研磨精细，晶莹滋润，十分漂亮。

■圭是重要的古代玉器，产生于新石器时代。圭的形状扁而长，可能是由石质兵器演化而来，目前发现的玉圭有两种：一种是由锛、斧类兵器演化成窄长条形，顶部有刃，微凸的玉圭，流行于新石器时代和商代。另一种是由玉戈演变而来的尖顶圭，流行于周代以后。新石器时代的玉圭，形状大体相似，皆为长条形，一端略窄，似有刃，另一端有孔。齐家文化玉器应属这一范畴。

备注：存世少。

兽面纹圭

特征：

年代： 齐家文化

玉质： 青玉

尺寸： 高：225毫米；宽：92毫米；厚：5毫米

鉴别与欣赏：

■ 受沁后，青绿色在深、浅、浓、淡各种颜色的混合下，显得绚丽多姿，时代特征开门。

■ 此圭色彩斑斓，晶莹剔透，加上美丽的纹饰，使全器显得富丽堂皇，气派非凡，是齐家文化玉礼器之精品。

■ 齐家文化时空跨越大，本器之兽面纹雕刻流畅自然，“臣”字眼，已明显具有夏代特征。

备注：存世罕。

黑　圭（铲）

特征：

年代： 齐家文化

玉质： 试金石

尺寸： 高：302毫米；宽：82毫米；厚：7毫米

鉴别与欣赏：

呈黑色，因自然变化而微微翘起，琢磨抛光后，浑圆饱满，手感特别滋润，年代特征开门。

玉圭是由新石器时代的铲演化而来的，本器亦同。它无使用痕，琢磨精细漂亮，应是齐家文化礼器的范畴。

备注：存世少。

玉　圭

特征：

年代： 齐家文化

玉质： 青玉

尺寸： 高：302毫米；宽：82毫米；厚：8毫米

鉴别与欣赏：

典型器，有钙化斑及深绿色花斑沁，包浆滋润，时代特征开门。

本器没有清洗，也无使用痕迹，泥垢犹存，但露底处似镜面抛光，可见齐家文化对礼器的重视。

备注：存世少。

玉 圭（铲）

特征：

年代：齐家文化

玉质：青玉

尺寸：高：258毫米；宽：85毫米；厚：4毫米

鉴别与欣赏：

圆弧刃，刃和边部分钙化，受沁后有灰斑、深绿色斑，青玉底，半透明。包浆凝聚，皮壳属旧，年代开门。

此器较薄，无使用痕迹，不是工具，应为礼仪用玉。

备注：存世较少。

弦纹圭

特征：

年代：齐家文化

玉质：试金石

尺寸：高：233毫米；宽：86毫米；厚：9毫米

鉴别与欣赏：

■ 本器制作精细，造型独特，有三道弦纹和四对脊齿，美观大方，时代特征极开门。

■ 用试金石作器是齐家文化的一大特征。也可能与就地取材有关，但用试金石制作的这些礼器，由于其石质细腻，硬度较高，做工精细，抛光极精，作品均漂亮美观，手感也十分滋润，本器亦同。

备注：存世罕。

兽面纹白玉圭

特征：

年代：齐家文化

玉质：白玉

尺寸：高：290毫米；宽：78毫米；厚：5毫米

鉴别与欣赏：

■ 白玉琢制，半透，褐灰沁，有钙化斑，兽面纹，包浆凝聚，时代特征极开门。

■ 齐家文化有纹饰的不多，本器以齿状扉牙、弦纹为纹饰特征。一般在夏代晚期，或商早期时，出现鸟纹、人面纹、兽面纹等。

■ 本器以上乘白玉琢制，并饰以兽面纹，在当时也是十分贵重的了，能完整保存到现在实属不易。

■ 此圭为斜刃，古人以半圭为璋，故也可认定为璋。

备注：存世罕。

圭

特征：

年代：齐家文化

玉质：白玉

尺寸：高：203毫米；宽：82毫米；厚：7~8毫米

鉴别与欣赏：

受大自然的侵蚀，本器微微泛黄，局部有很浅的褐色沁，表面不平，但因琢磨抛光极佳，人眼不易看出。包浆凝聚，半透明，时代特征开门。

“千年白玉变秋葵”，是说白玉随着岁月的沧桑会慢慢变黄，本器即是如此。虽历经三四千年，微微变黄，但仍然温润美观。

备注：存世罕。

兽面纹白玉圭

特征：

年代：齐家文化

玉质：石夹玉

尺寸：高：198毫米；宽：59毫米；厚：4毫米

鉴别与欣赏：

石多玉少，玉呈青绿色，半透明，受沁后局部有条状筋斑，全器五颜六色凹凸不平，包浆老气，皮壳属旧，特征开门。

本器用料一般，但制作规整，应为齐家文化早期器。

备注：存世罕。

白玉兽面圭

特征：

年代：齐家文化

玉质：白玉

尺寸：长：230毫米；宽：78毫米；厚：5毫米

鉴别与欣赏：

白玉微微泛黄，有褐色沁和饭糁，琢磨精细，兽面纹形象生动，雕刻刀法娴熟，线条流畅，包浆滋润，年代特征开门。

本器以上乘和田白玉作器，并辅以兽面纹，在当时也是十分贵重的了，加之做工精细，保存完整，应是齐家文化玉礼器中不可多得的精品。

备注：存世罕。

青玉九连环（单片为璜）

特征：

年代：齐家文化

玉质：青玉

尺寸：拼装后外径：634毫米；孔径：434毫米；厚：8~9毫米

鉴别与欣赏：

■ 由九块璜组成。每块上有三个穿，一边一个，另一边两个，应为联结穿绳时所用。

■ 受沁后，有褐黑色沁和钙化斑，边缘有涂朱痕迹。作为璜，每片均晶莹滋润，虽光素无纹，但却美观大方，时代特征极开门。

■ 本器拼装后，硕大无比，充分显示了齐家文化玉礼器浑圆饱满、大气凝重的恢弘气势。据查，无资料记载有大于此环者。

备注：存世罕。

环

特征：

年代：齐家文化

玉质：白玉

尺寸：外径：133毫米；孔径：53毫米；厚：6毫米

鉴别与欣赏：

■ 全部钙化，表面因侵蚀产生坑凹不平，未侵蚀部分仍十分光滑，证明原来打磨较细，年代特征开门。

■ 仅有考古价值。

备注：存世多。

玉　环

特征：

年代：齐家文化

玉质：白玉

尺寸：外径：138毫米；孔径：50毫米；厚：9毫米

鉴别与欣赏：

■ 白玉琢制，半透明，大部分钙化，研磨抛光均佳，包浆滋润，皮壳属旧，时代特征开门。

■ 此环所用玉材一般，但琢磨、抛光均佳，至今手感尚好，仍十分润泽。

备注：存世罕。

玉 环

特征：

年代：齐家文化

玉质：白玉

尺寸：外径：145毫米；孔径：62毫米；厚：5毫米

鉴别与欣赏：

■ 白玉露底，但钙化较重，受沁后有褐红色、绿色沁斑，琢磨精细，抛光较好，时代特征开门。

■ 为齐家文化一般性作品。

备注：存世较多。

嵌绿松石白玉刀

特征：

年代：齐家文化

玉质：白玉

尺寸：长：226毫米；宽：58毫米；厚：1~5毫米

鉴别与欣赏：

白玉琢制，有大片的糖玉状沁斑和颗粒状乳白色糁，玉色晶莹，在援部、栏部嵌有三颗、一颗绿松石，内有穿，全器琢磨精细，造型乖巧漂亮，皮壳老道，包浆润泽，时代特征开门。

本器造型十分特殊，介于刀、璋之间，由于单边有刃，故命名为刀。由于本器非实用器，因而做得十分精致，并嵌有四颗绿松石以增加美感，这在当时是十分稀有的了，应是齐家玉文化上乘之作。

“从材料考察，用于镶嵌的玉材，绿松石为主流。”“最重要的是绿松石色泽绚丽，犹若天然松绿，更为典雅美观，娇而不俗，雅而不艳，而且绿松石色泽的深浅随其所含水分的高低而有变化，令人神往”。（殷志强编著：《中国古代玉器》）

备注：存世罕。

青玉刀

特征：

年代： 齐家文化

玉质： 青玉

尺寸： 长：310毫米；宽：83毫米；厚：5毫米

鉴别与欣赏：

■ 玉质温润细腻，受沁后呈红褐色和灰色，沁有层次感，玉质内晶体状结构依稀可见，包浆滋润，年代特征开门。

■ 本器造型独特，具有璋、戈、刀的特征，综合分析，应定为刀。此刀虽有加工痕，但由于琢磨精、抛光强，仍然晶莹滋润，美观大方，十分耐人赏玩。

备注：存世较少。

三孔刀

特征：

年代：齐家文化

玉质：青玉

尺寸：长：234毫米；高：93毫米；厚：7毫米

鉴别与欣赏：

有乳白色沁斑和石纹，琢磨、抛光均佳，年代开门。

除刀背外，三面开刃，无使用痕迹，玉质晶莹，半透明，呈青绿色。本器美观大方，应属齐家文化玉礼器范畴。

备注：存世少。

五孔刀

特征：

年代：齐家文化

玉质：白玉

尺寸：长：365毫米；宽：88毫米；厚：6毫米

鉴别与欣赏：

玉已质变，呈褐黄色，半透明，受沁后有灰色筋条状沁斑和钙化斑点，包浆老气，皮壳属旧，时代特征开门。

全器呈梯形，开片、琢磨和抛光均佳，刀背钻有五孔，下部为刃，直刃中锋，为齐家文化典型器。

备注：存世较少。

七孔刀

特征：

年代： 齐家文化

玉质： 青玉

尺寸： 长：380毫米；高：82毫米；厚：4毫米

鉴别与欣赏：

受沁后，有白糁、褐红色斑和绺裂，两端有一对四齿状扉牙，器表不平，但已无加工痕迹，说明琢磨抛光俱佳。玉质透灵，时代特征极开门。

多孔刀，在新石器时代晚期，龙山文化遗址中多有发现，在齐家文化中也有一定数量，但大型器较少。本器大而薄，无使用痕迹，应是同时代的佼佼者。

备注：存世较少。

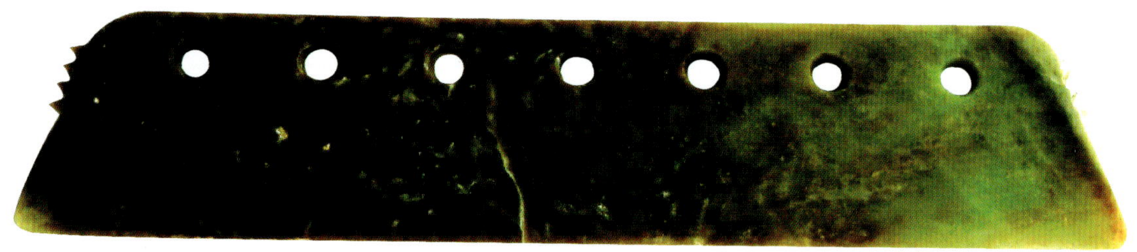

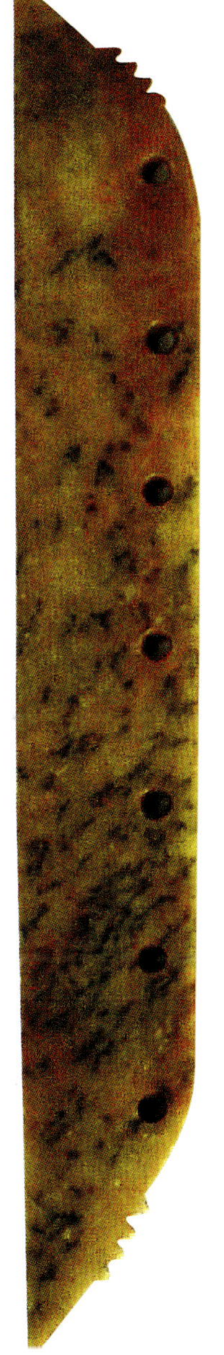

七孔大玉刀

特征：

年代： 齐家文化

玉质： 白玉

尺寸： 长：530毫米；高：70毫米；厚：4毫米

鉴别与欣赏：

■ 玉已变黄，半透明，受沁后有扭丝状黑掺、粒状白掺，包浆老气，年代特征开门。

■ 二里头出土大玉刀长523毫米，本器长530毫米，且用料上乘，研磨极薄，可见齐家文化对玉礼器之重视；也反映了先民们琢玉、制玉的工艺水平。此刀的两组扉牙增加了全器的美感，充分体现古代人们对美的追求。

备注：存世罕。

青玉刀

特征：

年代：齐家文化

玉质：青玉

尺寸：长：290毫米；宽：68毫米；厚：5毫米

鉴别与欣赏：

受沁后，有黑色、白色饭糁和褐色沁斑，玉质晶莹通透，包浆滋润，皮壳属旧，年代特征极开门。

此器内极短，有齿有穿，援成刀形，刀尖微翘，造型美而研磨精，玉质晶莹，是齐家文化中比较典型的作品。

备注：存世少。

白玉刀

特征：

年代：齐家文化

玉质：白玉

尺寸：长：293毫米；宽：63毫米；厚：4毫米

鉴别与欣赏：

玉质晶莹滋润，有褐色沁，半透明，年代特征开门。

本器由白玉琢制，开片均匀，研磨细腻，内和援有脊齿装饰，刀尖微微上翘，造型十分漂亮。艺术是玉器的生命力所在，“玉不琢，不成器”。在玉器发展过程中，曾有过一个崇尚玉质，作品质而无纹的阶段，但即使在这个阶段，也非常重视玉的器物形状和表面平整，使玉器具有标准化倾向。此器即是这个时期的典型作品。

备注：存世少。

刀

特征：

年代：齐家文化

玉质：白玉

尺寸：长：210毫米；宽：73毫米；厚：8毫米

鉴别与欣赏：

■ 受沁后“千年白玉变秋葵”，玉已变成黄褐色，刀背前段有一组脊齿，尖微微上翘，包浆滋润，皮壳属旧，时代特征开门。

■ 此刀属标准化祖型，研磨精细，造型厚重，硬度极佳，既可作礼器，又可作实用器，但此刀内特短，不是手握器，那又是怎么使用的呢？尚无资料可查。

备注：存世罕。

刀

特征：

年代： 齐家文化

玉质： 青玉

尺寸： 长：290毫米；宽：83毫米；厚：3毫米

鉴别与欣赏：

■ 玉呈青绿色，有绺裂、深绿斑点和褐红色沁，晶莹通透，包浆滋润，特征开门。

■ 内有穿，端部有四组弧形齿，单边开刃，造型独特，琢磨精细，无使用痕迹，应属齐家文化礼器范畴。本器色沁变化自然，丰富多彩，犹如一幅山水丹青，十分绚丽。

备注：存世罕。

异形刀

特征：

年代：齐家文化

玉质：青玉

尺寸：长：255毫米；宽：70毫米；厚：5毫米

鉴别与欣赏：

■ 玉色滋润，包浆老气，特征开门。

■ 此器造型怪异，有内、有栏、有援，内、栏均有齿状扉牙，很像璋，但又不是璋。它的援单边开刃，援首如刀尖上翘，故人们认定为刀。新石器时代由石器转入玉兵器时，器物造型出现“混沌”状态是不足为怪的。

备注：存世罕。

白玉刀

特征：

年代：齐家文化

玉质：和田白玉

尺寸：长：230毫米；宽：47毫米；厚：3毫米

鉴别与欣赏：

■ 受沁后有褐灰色、湖绿色沁，配上微微泛黄的白玉底色，十分绚丽。玉色滋润，半透明，包浆老气，皮壳属旧，年代特征极开门。

■ 此刀比较标准，内有穿，内和栏连接处有棱状、人字状装饰纹为栏，用料上乘，研磨精细，制作乖巧，是齐家文化玉器中的精品。

备注：存世较少。

白玉刀

特征：

年代：齐家文化

玉质：白玉

尺寸：长：234毫米；宽：57毫米；厚：6毫米

鉴别与欣赏：

■ 白玉琢制，有把，把上有穿，前端和下部有刃，直刃中锋，玉质晶莹滋润，受沁后微微泛黄，包浆老气，特征开门。

■ 此刀造型独特，研磨精细，带有一手把，在惜玉如金的新石器时代，增加一个手把算是比较奢侈的了，在远古时期能用上乘白玉作为餐具进餐的绝非一般人。中央电视台10频道“百家讲坛”曾经在报道中国社会科学院王仁湘研究员演讲“中国古代饮食文化”的节目中讲道：齐家文化的先民们是世界上最早用石头片制作烤箱，最早用刀子、叉子、勺子进餐的。

备注：存世较少。

异形七孔刀

特征：

年代：齐家文化

玉质：青玉

尺寸：长：340毫米；宽：142毫米；厚：4毫米

鉴别与欣赏：

■ 玉质晶莹透明，受沁后，有条状石纹斑、灰斑、褐红色斑沁，均自然，青玉底，年代特征开门。

■ 全器由两大圆弧组成，背脊钻有五孔，刃部前端钻两孔，布置十分怪异。本器用材、琢磨均佳，且大而薄，绝非实用器，问题是先民们用它来干什么？他们的这种不可模仿的思维方式和文化理念所创作的作品是十分令人费解的。

备注：存世较少。

异形三孔刀

特征：

年代：齐家文化

玉质：白玉

尺寸：长：310毫米；宽：150毫米；厚：5毫米

鉴别与欣赏：

玉已质变，但仍晶莹通透，呈褐红、褐黄色。受沁后，有筋条状白斑、深褐斑、牛毛纹和自然绺裂，包浆老气，皮壳属旧，年代特征开门。

此器制形怪异，但亦琢磨精细，大方美观。齐家文化玉器中有不少怪玩意，令人费解；从另一个侧面，可以看到先民们思想活跃、天真烂漫，呈现出混沌之初的随意性。

备注：存世较少。

白玉刀

特征：

年代：齐家文化

玉质：和田白玉

尺寸：长：263毫米；宽：52毫米；厚：6毫米

鉴别与欣赏：

■ 受沁后，从刀柄至刀尖，由深绿、浅绿、褐红、褐黄、淡黄到乳白色的沁自然过渡，使之更加显示其年代特征开门。

■ 用“用料上乘，研磨精细，晶莹滋润，做工乖巧”来形容此刀是恰当的。

备注：存世较少。

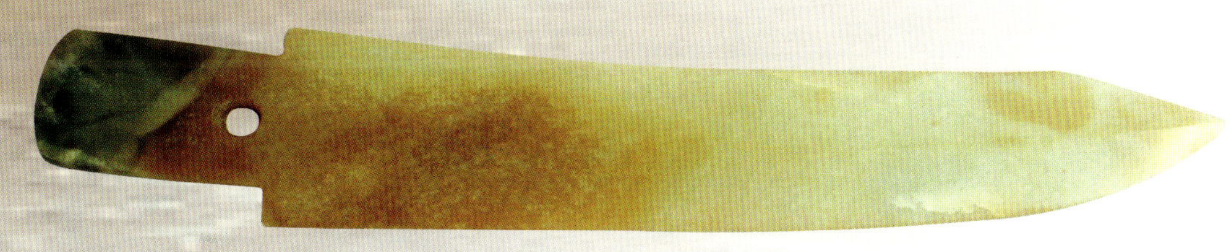

异形四孔刀

特征：

年代：齐家文化

玉质：白玉

尺寸：长：305毫米；宽：138毫米；厚：4毫米

鉴别与欣赏：

■ 局部露白玉底，受沁后全器呈褐红色，有灰色条状斑、牛毛纹和自然绺裂，但仍晶莹滋润，年代特征极开门。

■ 本器与“异形三孔刀”类似，但大孔在后。它既不像钺，又不像璋，与其他玉礼器更不相像。古代先民们用良玉制造这些硕大无比，又漂亮、美观的器物，肯定有他们的道理，其不可模仿的理念和文化，是十分值得我们深入研究和探索的。

备注：世存较少

刀

特征：

年代：齐家文化

玉质：羊脂白玉

尺寸：长：235毫米；宽：58毫米；厚：6毫米

鉴别与欣赏：

■ 此刀用料上乘，琢磨精细，抛光极佳，虽历数千年，仍晶莹滋润，富丽堂皇。受沁后，仅柄端有一点褐色沁斑和钙化斑，其玉质上的石纹，清晰可见。完好如新，犹如刚刚从水中拧出来的。年代特征极开门。

■ 本器乍一看，完好如新，十分漂亮，谁都不会认为是数千年前的东西，但细观之，包浆徐徐，分外老气，原因是玉料好、质地硬，琢磨抛光后不留任何痕迹，除大自然所引起的化学变化外，几乎不受任何侵蚀，因此，出现误判在所难免。

备注：存世罕。

异形五孔刀

特征：

年代：齐家文化

玉质：试金石

尺寸：长：448毫米；宽：105毫米；厚：4毫米

鉴别与欣赏：

由黑色试金石磨制，开片极薄，五孔均为单面钻孔，孔壁略斜，刃为凹弧形，双面开刃，年代特征极开门。

用试金石做玉礼器是齐家文化的一大特色，主要品种为璋、璧、琮、刀和柄形器等。本器大而薄，与其他多孔刀不同，凹弧形刃在使用时极不方便，不是实用器，应属礼仪器范畴，如果将它绑扎在朱干上，还是十分狰狞、威严可怕的。

备注：存世罕。

戈

特征：

年代：齐家文化

玉质：白玉

尺寸：长：287毫米；宽：68毫米；厚：5毫米

鉴别与欣赏：

白玉琢制，沁由五花青绿色、褐黄色过渡到乳黄色、乳白色，十分自然美观，玉半透明，包浆滋润，年代特征开门。

内有穿，援两面开刃，胡极短，只具雏形，是早期无胡戈向有胡戈转化的例证。本器保存完好，器形美观，色彩艳丽，加上有胡的特征，品味十足。

备注：存世较少。

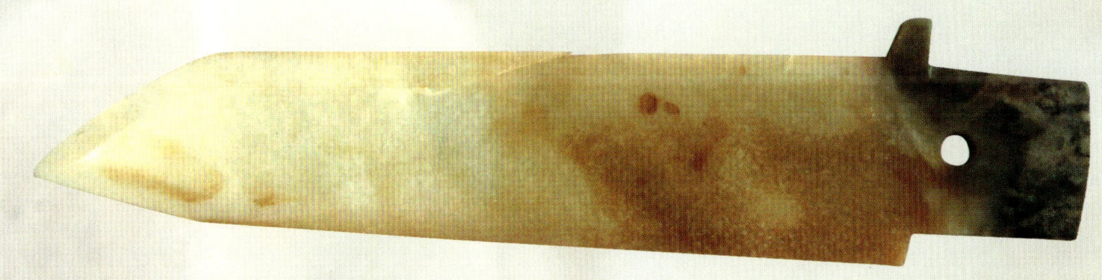

青玉戈

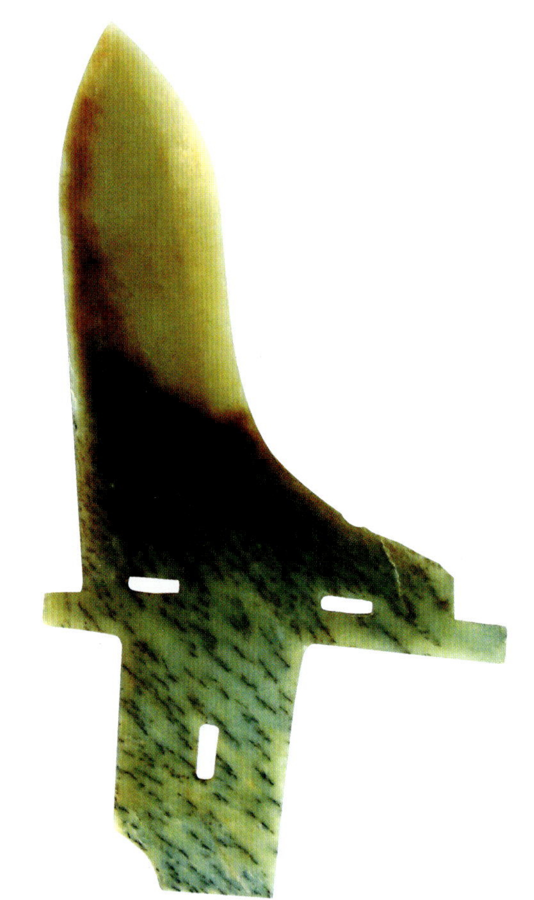

特征：

年代：齐家文化

玉质：青玉

尺寸：长：225毫米；厚：5毫米

鉴别与欣赏：

■ 典型的青铜戈式样，受沁后，有黑糁和褐红色沁斑，玉质晶莹、滋润，年代特征开门。

■ 本器造型标准，琢磨精细，无使用痕迹，应属齐家文化玉礼器范畴。从器形判断本器为齐家文化晚期（早商时期）作品。

备注：存世较少。

白玉戈

特征：

年代：齐家文化

玉质：白玉

尺寸：长：165毫米；宽：106毫米；厚：4毫米

鉴别与欣赏：

■ 晶莹通透，色沁艳丽，包浆滋润，年代开门。

■ 内有穿，援、胡俱有刃，但光滑莹润，十分喜人。造型乖巧，不似实用玉兵器，应为当时把玩、观赏之物。

备注：存世少。

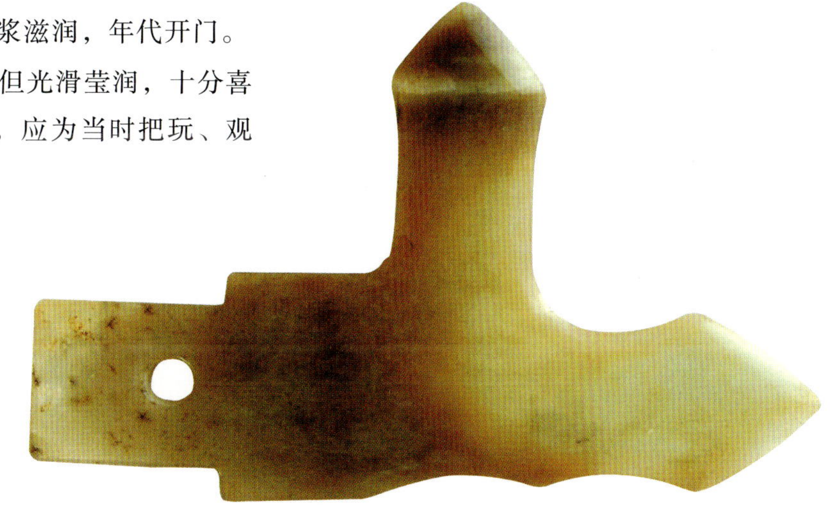

白玉戈

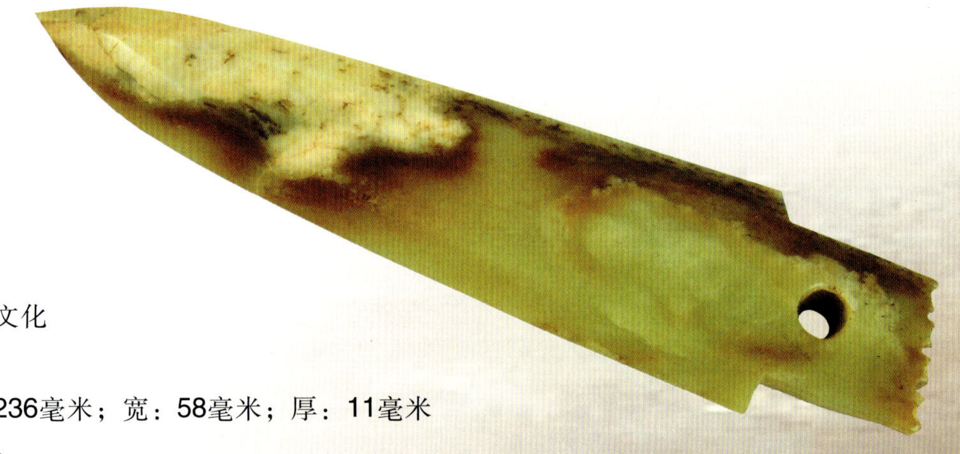

特征：

年代：齐家文化

玉质：白玉

尺寸：长：236毫米；宽：58毫米；厚：11毫米

鉴别与欣赏：

白玉琢制，局部钙化，有褐色沁和黑糁，半透明，时代特征开门。

内端部有四组脊齿，内有穿，援呈长尖状，全器无胡，援有刃。本器虽无使用痕迹，但相对较厚，既可用作礼器，又可作兵器。

备注：存世较少。

戈

特征：

年代：齐家文化

玉质：白玉

尺寸：长：155毫米；宽：72毫米；厚：3毫米

鉴别与欣赏：

玉已泛黄，局部呈褐红色，白玉露底，色沁丰富，有绺裂和饭糁沁，包浆老气，皮壳属旧，年代特征开门。

本器造型简单，但用料尚好，琢磨精细，援、栏、内均具雏形，属于齐家文化早期器。有资料说玉有饭糁者，一般是用仔料制作的，仔料一般不大，此戈较小，可能原因在于此。

备注：存世较少。

环形戈或刀

特征：

年代：齐家文化

玉质：青玉

尺寸：长：182毫米；宽：105毫米；厚：5毫米

鉴别与欣赏：

青墨绿色，半透明，局部有灰褐色钙化斑，包浆老气，皮壳属旧，时代特征开门。

造型怪异，三面开刃，非刀？非戈？且作同心圆形，尖部的人形刃还十分锋利，到底是用于什么场合，令人费解。但本器制作得十分精细，不是什么随意之作。

备注：存世罕。

黑色柄形器

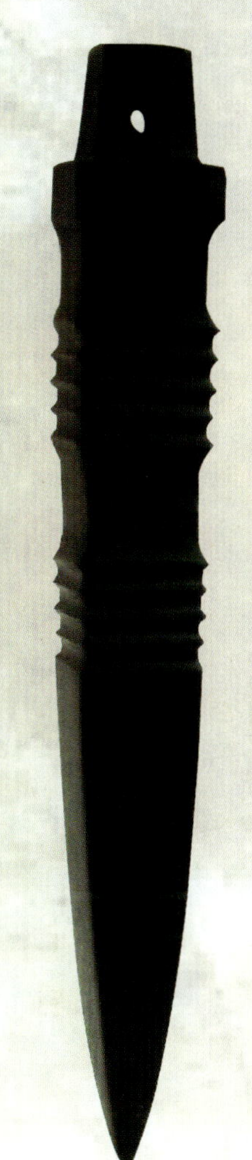

特征：

年代：齐家文化

玉质：试金石

尺寸：长：231毫米

鉴别与欣赏：

■ 由黑色试金石磨制，有两层弦纹，顶为方榫，有榫孔，孔为双面钻，有明显弦痕，全器美观大方，时代特征开门。

■ 陕北神木石峁文化出土的玉璋、玉牙璋、玉多孔刀等礼器均用黑玉磨制，反映了古人重黑色的观念并以其来沟通神灵。同属龙山文化，时期也大致相同的齐家文化未见黑色玉器出土，黑色试金石器却出现不少，可能也有类似观念，而囿于河陇地域无黑玉矿藏的缘故。

备注：存世较少。

柄形器

特征：

年代：齐家文化

玉质：青玉

尺寸：长：167毫米

鉴别与欣赏：

■ 玉质晶莹剔透，有褐色沁和黑、白色饭糁，造型有榫、有孔、有弦纹，研磨、抛光均佳，包浆滋润，年代特征极开门。

■ 齐家文化柄形器样式各不相同，大小各异，但大都用料较好，造型美，研磨精，应该属于该文化玉礼器范畴。

备注：存世较少。

青玉柄形器

特征：

年代：齐家文化

玉质：青玉

尺寸：长：145 毫米

鉴别与欣赏：

本器短榫有孔和三道弦纹，头长而尖，受沁后呈褐红色，局部有绺裂和黑糁，包浆滋润，年代特征开门。

《中国西北地区青铜时代考古论文集》中有文说道：齐家文化“另外还发现了玉石权杖头、玉石斧一类用于表示权力、身份、社会地位的礼仪用具”。设想柄形器就应是这些玉石权杖头。

备注：存世较少。

柄形器

特征：

年代：齐家文化

玉质：青玉

尺寸：长：205毫米

鉴别与欣赏：

■方柱状，圆弧顶，中上部三道弦纹，下端有榫，榫有一对钻孔，全器包浆老气，晶莹滋润，精致美观，年代开门。

■本器有书称为柄形器，也有称为笄，说是男、女束发之插，或为鼻、耳之塞，也有称为漆书之笔，众说纷纭，莫衷一是。类似器还有尖利的、无榫的，形状多样，具体用途不明。

■本器用料上乘，美观大方，有榫可以与其他器物连接，应属权杖类礼仪器。

备注：存世较少。

特征：

年代：齐家文化

玉质：青玉

尺寸：长：178毫米

鉴别与欣赏：

与其他柄形器不同，此器无榫，受沁后，有绺裂沁和黑、白糁，晶莹滋润，年代特征开门。

齐家文化地域分布极广，玉器造型多样化是必然的，但总的说来，用于礼器的材质较好，制作也精，此器亦然。

备注：存世较少。

龙头柄形器

特征：

年代：齐家文化

玉质：和田白玉

尺寸：长：220毫米

鉴别与欣赏：

■ 白玉底，半透明，已泛黄，局部钙化和绺裂，包浆滋润，皮壳属旧，时代特征极开门。

■ 本器大而厚重，龙头狰狞，柄尖坚硬，握在手中，既是权力的象征，又是“击杀器”。由于中部有穿，携带方便，故十分实用。

■ 本器为圆雕，在柄的头部雕刻有一龙头，由龙角、卷眉、臣字眼、虎鼻、虎嘴等组成，造型圆润丰腴，鲜明生动，富丽堂皇，神韵俱佳，是齐家文化玉礼器中难得的珍品。

备注：存世罕。

异形璇玑

特征：

年代： 齐家文化

玉质： 青玉

尺寸： 最大外径：100毫米；孔径：40毫米

鉴别与欣赏：

■ 玉晶莹滋润，光滑细腻，受沁后有浅灰黄色斑块和白、黑糁，包浆老气，时代特征开门。

■ 本器晶莹剔透，十分乖巧，便于把玩和携带，在圆弧上有脊齿和刃，完全可以作切削器。当然到底做什么用，由于无文字记载，目前还无法确知。但本器小巧玲珑，令人爱不释手，应是齐家古玉中的精品。

备注：存世较少。

璇玑

特征：

年代：齐家文化

玉质：白玉

尺寸：最大外径：140毫米；厚：10毫米

鉴别与欣赏：

■ 大部分已钙化，白玉露底，年代特征极开门。

■ 形状与龙山文化典型器同，但比资料记载其他文化中的器要大。

■ 其功用众说纷纭，或认为是观测天文的仪器，或认为是织布机上的零件等等，莫衷一是。

备注：存世较少。

四角形璇玑

特征：

年代：齐家文化

玉质：青玉

尺寸：最大外径：132毫米；孔径：36毫米；厚：3毫米

鉴别与欣赏：

■ 由青玉琢制，打磨光滑，色沁亮丽，年代开门。

■ 一般璇玑为三脊三角，本器是四脊四角，脊上无齿，比较罕见，整个造型流畅自然，十分耐人赏玩。

备注：存世较少。

璇　玑

特征：

年代：齐家文化

玉质：青玉

尺寸：最大外径：104毫米；孔径：38毫米

鉴别与欣赏：

■ 全器晶莹通透，有黄褐色沁和黑、白糁，包浆滋润，皮壳属旧，年代开门，为齐家文化典型器。

■ 本器薄而乖巧，圆弧、脊齿均开有刃，如果作为切削器是十分实用的，但到底做什么用，我们不得而知。

备注：存世较少。

青玉璇玑

特征：

年代：齐家文化

玉质：青玉

尺寸：最大外径：86毫米；孔径：36毫米

鉴别与欣赏：

■ 玉局部钙化，受沁后有褐色沁斑和点状黑糁，时代特征开门。

■ 为齐家文化标准器型，虽局部钙化，但仍晶莹剔透，十分漂亮。

备注：存世罕。

白玉璇玑

特征：

年代： 齐家文化

玉质： 羊脂白玉

尺寸： 最大外径：94毫米；孔径：39毫米

鉴别与欣赏：

玉色微微泛黄，白玉露底，半透明，有细小褐色沁斑和饭糁，造型规矩，琢磨精细，包浆滋润，皮壳属旧，年代特征开门。

体扁平，类环而外廓形状奇诡。中央有一圆孔，外缘有三个等距离大小一致，向同一方向旋转的齿状凸脊，凸脊之间又是每两齿为一组的三组扉牙，对此器的功用历来众说纷纭，莫衷一是。

本器内厚外薄，整个外轮廓似刃，可作切削、锯断之刃，全器小巧玲珑，既可作佩带之礼器，又可作实用器，用于切割。

备注：存世罕。

白玉小璇玑

特征：

年代：齐家文化

玉质：白玉

尺寸：最大外径：67毫米；孔径：32毫米；厚：2毫米

鉴别与欣赏：

■ 玉质晶莹，局部片状有褐色沁和点状沁斑，包浆凝聚，年代特征开门。

■ 本器开片极薄，脊齿和边缘均开有刃并制作精细、规整，小巧玲珑，适于佩带。它既是饰品，又是切削实用器。

备注：存世较少。

石　斧

特征：

年代：齐家文化

玉质：石质不详

尺寸：长：165毫米；宽：62毫米；厚：44毫米

鉴别与欣赏：

黑色石料磨制，利用自然石头形状稍为加工而成。有刃无穿，为斧的原始雏形，手握器，握感尚好。经千百年后，表面有灰白色麻坑，时代特征极开门。

此器属齐家文化早期玉石并用之典型器，呈长条形，使用相当方便，虽为石质，但仍秀美。特别是它蕴藏的历史文化内涵，给我们提供了无限的想象空间。

备注：存世较多。

大玉斧

特征：

年代： 齐家文化

玉质： 黄玉

尺寸： 高：280毫米；宽：140毫米；厚：50毫米

鉴别与欣赏：

玉质晶莹，呈黄绿色，局部有绺裂和钙化，受沁后色彩斑斓，十分好看，单面钻孔，孔壁有清晰的旋痕，包浆老气，皮壳属旧，年代特征开门。

本器硕大无比，十分厚重，用于搏杀，仍然有效，是新石器时代齐家文化玉工具类的实用器。由于用料上乘，研磨精细，至今温润晶莹，耐人赏玩。在观赏它色彩斑斓，晶莹滋润的同时，人们绝不会想到数千年前，先民们用它狩猎牲灵、杀戮生命的峥嵘岁月和血腥场面。

备注：存世较少。

玉　斧

特征：

年代：齐家文化

玉质：和田黄玉

尺寸：高：185毫米；宽：100毫米；厚：20毫米

鉴别与欣赏：

厚重大器，有穿，单面开刃，全器磨制精细，局部有绺裂和钙化，受沁后，晶莹滋润，色彩艳丽，包浆滋润，年代特征开门。

本器上半部有孔，单面钻成，断孔底边缘处有将通时敲断的痕迹。刃有残，为打击砍伐造成，应属实用器。玉斧是齐家文化玉工具中重要的一种，数量在玉工具中最多，但像本器色沁这么漂亮，用材这么良好还十分罕见。

备注：存世罕。

玉手斧

特征：

年代：齐家文化

玉质：青玉

尺寸：高：115毫米；宽：145毫米；厚：7毫米

鉴别与欣赏：

■ 琢磨光滑、细腻润泽，受沁后产生的乳状沁十分漂亮，造型与一般斧不一样，美观大方，包浆老气，年代开门。

■ 应为先民们实用玉工具，虽光素无纹，但造型独特，且色沁斑斓艳丽，不失为一件齐家文化玉器中上乘之作。

备注：存世罕。

带柄玉斧

特征：

年代：齐家文化

玉质：青玉

尺寸：高：97毫米；宽：160毫米；厚：22毫米

鉴别与欣赏：

玉呈青绿色，局部钙化，有斑状黑糁和绺裂，一边有刃，直刃中锋，年代特征开门。

本器自带一短柄，减少了斧孔和绑扎木柄工序，简洁干净，手握使用也十分方便，但用玉料要相对的多，在用玉十分珍贵的古代，能使用这样玉斧的人，其地位一定是十分显赫的了。

备注：存世较少。

短柄小玉斧

特征：

年代：齐家文化

玉质：青玉

尺寸：高：110毫米；长：80毫米；厚：25毫米

鉴别与欣赏：

■ 玉呈青绿色，局部钙化，有斑状黑糁和绺裂，一边有刃，直刃中锋，斧两边有脊齿，年代特征极开门。

■ 本器带一短把，可以套上一个套筒，以增加手柄的长度，减少了斧孔和绑扎木柄工序。但用玉要相对多，在惜玉如金的古代，是十分难能可贵的了。此器也非一般人所用。

备注：存世罕。

玉　斧

特征：

年代：齐家文化

玉质：待考

尺寸：高：128毫米；宽：52毫米；厚：10毫米

鉴别与欣赏：

■ 玉呈乳白色，微透，无孔，手握部分已钙化和剥落，刃部保存尚好，年代特征开门。

■ 本器属于齐家文化早期玉工具，用玉也不甚好，有考古价值。

备注：存世少。

玉　凿

特征：

年代：齐家文化

玉质：待考

尺寸：高：186毫米；宽：22毫米；厚：12毫米

鉴别与欣赏：

■ 玉质不详，微透，局部钙化，凿顶有残，加工一般，年代特征开门。

■ 齐家文化玉工具玉质较差，多数有石斑或近石质次玉。本器体细长，长方柱体，一端有刃，直刃中锋，为标准器型。

备注：存世较多。

玉凿

特征：

年代： 齐家文化

玉质： 待考

尺寸： 长：142毫米；宽：30毫米；厚：14毫米

鉴别与欣赏：

■ 加工粗糙，琢磨一般，局部钙化，顶部有残，年代特征开门。

■ 条形长方体，一端有刃，直刃中锋，刃的局部稍呈梯形，应为玉工具。

备注：存世较多。

玉 玦

特征：

年代：齐家文化

玉质：白玉

尺寸：外径：67毫米；内径：25毫米；厚：5毫米

鉴别与欣赏：

■ 玉质已变，半透明，表面有网状灰白色条筋斑，制作规矩，琢磨细腻，包浆润泽，年代特征极开门。

■ 本器玉质虽变，承蒙大自然的造化，这种成网状筋条组成的色沁太美了，太少了，因而十分漂亮抢眼。

备注：存世较少。

玉 玦

特征：

年代：齐家文化

玉质：青玉

尺寸：外径：32毫米；内径：12毫米；厚：3毫米

鉴别与欣赏：

■ 玉呈青绿色，有乳状白色沁、绿色丝状沁，年代特征开门。

■ 玉玦也是一种环形玉器，是在玉环上面做鐾出一个缺口，是人身佩带的玉器，在考古发掘中它多出现于人的耳部。早期玉玦出现于新石器时代的河姆渡文化遗址，红山文化遗址也发现了多种，齐家文化也不例外。

备注：存世较少。

异形玉玦

特征：

年代：齐家文化

玉质：青玉

尺寸：最大外径：111毫米；孔径：46毫米；厚：3毫米

鉴别与欣赏：

■ 青玉露底，晶莹滋润，受沁后有褐色、褐黄色沁斑和白糁，全器琢磨精细，包浆润泽，皮壳属旧，年代特征开门。

■ 此器造型独特，也比一般的玉玦大，是齐家文化中的怪玩意。

备注：存世较少。

玉 玦

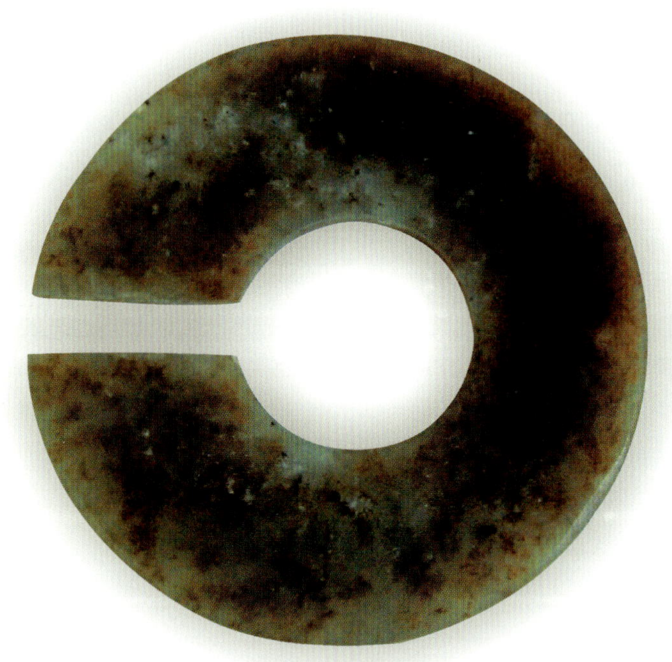

特征：

年代：齐家文化

玉质：青玉

尺寸：外径：57毫米；内径：21毫米；厚：3毫米

鉴别与欣赏：

■ 玉呈青色，有褐色沁和白色糁，年代特征开门。

■ 早期玉玦出现于新石器时代。齐家文化也有不少玉玦，大小不一，同其他文化玉玦一样，用途不详，但加工还算精致。

备注：存世较少。

白玉鹰形佩（宋）

特征：

年代：齐家文化

玉质：白玉

尺寸：高：54毫米；宽：62毫米；厚：24毫米

鉴别与欣赏：

■ 玉质已变，白玉露底，鹰呈展翅状，嘴，眼凸出，边缘有自然缺口和绺裂，背面有一对对穿的小孔，时代特征开门。

■ 本器虽已钙化，但仍掩盖不了当时琢磨精细的迹象，凸出的双眼、嘴、圆点状的鹰爪和边缘的弦纹，无不体现出玉工运用写意的手法来塑造鹰的形象，既形似又神似。

■ 令人惊讶的是，本器与红山文化玉鹰佩类似，时间上晚于红山文化，地理位置又远于红山文化的齐家文化为什么有类似作品？由此看来，此器的价值和它所透露出的信息已远远超过器物的本身。

备注：存世较少。

兽面佩

特征：

年代：齐家文化

玉质：白玉

尺寸：高：72毫米；上宽：76毫米；下宽：70毫米；厚：24毫米

鉴别与欣赏：

白玉琢制，局部有褐色沁斑和乳白色饭糁，玉质晶莹润泽，琢磨精细漂亮，包浆老气，时代特征极开门。

佩面饰兽面纹、云雷纹，纹饰雕刻为早商特征的“臣”字眼，制作、打磨十分精细，显得气派非凡，应是当时先民显贵显示身份的一种标志。齐家文化出现的这种玉佩，用料十分考究，造型大同小异，有的有眼无鼻，有的呈三角形、梯形、长方形、长条形等等，但云雷纹和“臣”字眼必不可少，而且加工得十分精致、美观。

备注：存世少。

红玉兽面佩

特征：

年代：齐家文化

玉质：红玉

尺寸：高：50毫米；上宽：52毫米；厚：11毫米

鉴别与欣赏：

■ 本器由红玉琢制，局部有乳白色沁和绺裂，刻兽面纹、云雷纹，上部有隧孔，为穿系之用。全器琢磨精细，皮壳、包浆老道，时代特征极开门。

■ 早商之兽面纹是随着青铜器的发展逐步演变为商代主流纹饰——饕餮纹，在这方面齐家文化功不可没。本玉佩用稀有的上乘红玉，配以流畅、精美的纹饰，就足以显示它在先民心目中的地位。

备注：存世罕。

青玉蝉

特征：

年代： 齐家文化

玉质： 青玉

尺寸： 长：162毫米；宽：108毫米；厚：70毫米

鉴别与欣赏：

玉表面已质变，由厚厚的矿物质似的皮壳所包裹，局部露底之青玉有褐红色、黑红色沁和褐红色牛毛纹。器钻有三孔，由头部钻一孔与侧面两孔相通。全器包浆老气，年代特征极开门。

此蝉为圆雕，造型逼真，十分厚重，钻孔独特，与其他蝉相比，应是蝉中巨无霸了。它重达1.9公斤，既不是佩，又不是礼器，这么厚重的一件仿生器，先民们用在什么场合，是个难解的谜。本器青玉露底，褐红、红、紫红交相辉映，艳丽非凡，人称“紫云红袍”或“血玉蝉”。

备注：存世较少。

玉凤凰

特征：

年代：齐家文化

玉质：白玉

尺寸：长：295毫米；高：125毫米；厚：40毫米

鉴别与欣赏：

玉已呈鸡骨白，但仍有颗粒状白玉露底，原器琢磨精细，造型生动，尽管有绺裂和钙化，仍十分美观，年代特征极开门。

凤是古人想象中的祥瑞动物，有许多关于凤的传说，凤凰的形象也各不相同。本器是凤凰的雏形，卷曲状凤冠，短喙、长尾，尾自然上翘弯曲，尾翎分三叉，凤凰回头呈卧状，造型十分生动，尽管玉已质变，但仍显得出凤凰所特有的气质，雍容华贵，富丽堂皇。这是三四千年前的玉器啊！撩人思绪，忆古追来之心油然而生。

备注：存世罕。

兔

特征：

年代：齐家文化

玉质：黑色试金石

尺寸：长：213毫米；宽：88毫米；高：108毫米

鉴别与欣赏：

由黑色试金石琢磨而成，为圆雕，造型简洁生动，研磨精细，打磨光滑，时代特征开门。

本器为像生器，十分厚重，由于抛光极精，不但漂亮美观，手感也十分润泽。总之本器浑圆饱满，大气凝重，若不是把玩之器，也应为图腾或祭祀之物。

备注：存世罕。

牛形图腾器

特征：

年代：齐家文化

玉质：石夹玉

尺寸：高：233毫米；宽：100毫米；厚：54毫米

鉴别与欣赏：

石夹玉已全部钙化成鸡骨白状，有绺裂和黑色沁斑，但仍然能看到白玉露底。全器制作精细，打磨光滑，包浆老气，时代特征极开门。

本器为圆雕，牛首人身作站立状，牛有双角，突出的嘴、鼻、眼雕刻得十分形象自然，人身也朴拙可爱。三门峡曾出土有一玉牛头——高112毫米。齐家文化这一牛形图腾器，应该是一突破吧。齐家文化的确有一些人们意想不到的作品，其先民丰富的想象力或许与当时河陇地区先进的农耕文化和艺术氛围有关。

备注：存世罕。

鸡骨白蝉形坠

特征：

年代：齐家文化

玉质：白玉

尺寸：长：70毫米；宽：25毫米；厚：25毫米

鉴别与欣赏：

■玉已钙化呈鸡骨白状，有绺裂状细纹。蝉背部有一对隧孔，可供穿系佩饰。蝉造型独特，时代特征明显，极开门。

■此蝉头微翘，一对突出的圆眼，蝉身由几道弦纹斜分，形状十分简洁古朴。本器虽已质变，但由于琢磨精细，至今仍十分漂亮和精致，令人爱不释手。

备注：存世较少。

人形玉铲

特征：

年代：齐家文化

玉质：白玉

尺寸：长：133毫米；宽：25毫米；厚：7毫米

鉴别与欣赏：

■ 白玉琢制，局部微微泛黄，做工精细，形象生动，雕刻细腻。全器包浆凝聚，十分润泽，时代特征极开门。

■ 此人形玉铲为齐家文化之典型器，在《中国玉器全集》中列出一件灵台县白草坡的人形玉铲，断代为西周玉器，并说："为周代玉人雕刻中较大的一件，玉人头上盘绕兽首蛇身的动物，或可昭示螺髻发式的由来。"其实此玉人和它一样，均是齐家文化的作品，头上发髻缠绕，应是当时先民的头发形状，而不是什么兽首蛇身，仔细看它根本就不是什么兽首。

备注：存世罕。

玉　琥

特征：

年代：齐家文化

玉质：青玉

尺寸：高：89毫米；宽：70毫米；厚：78 毫米；孔径：54毫米

鉴别与欣赏：

青玉制作，玉质晶莹润泽，有褐色、红色沁斑和白色饭糁，造型凶猛生动，有獠牙作张口咆哮状，鼻上和嘴角的皱纹依稀可见，虎耳突出，与其他人面、兽面琮之耳不同，是一个典型的十分形象的虎头。包浆老气，时代特征开门。

在考古发掘中出土的和传世的玉器，其中有圆雕、浮雕和平面线刻的虎纹，多作为佩饰之用。玉琥位于六种瑞玉之末。据文献记载，琥是雕成虎形的玉器（《左传·昭公三十二年》），以白虎的身份来礼西方，以虎符的身份来发兵。但从目前出土发掘材料情况来看，尚未见到琥的实物。笔者看到齐家文化玉器中这种被称为“兽面琮”的玉器，应称为玉琥。齐家玉文化先于西周，早于《周礼》，而礼仪用玉器是最全的，它有璧、琮、圭、璋、璜（以多璜联璧的形式出现）等，不可能没有琥，所以将此器暂定为琥，应该是有一定的依据。当然一切的一切要以实际发掘材料为准。

备注：存世罕。

玉　琥

特征：

年代： 齐家文化

玉质： 白玉

尺寸： 长：100毫米；最大外径：60毫米

鉴别与欣赏：

白玉琢制，晶莹通透，有大片的褐黑色沁斑和黑色丝状糁，造型独特，琢磨精细，包浆润泽，时代特征开门。

《周礼》把玉琥列为“六器”之一，什么是玉琥呢？《说文》的解释为：“发兵瑞玉，为虎纹。”这是汉代学者对玉琥的认识。张广文先生《中国玉器》一文中说：“这种玉器在器型方面的特征我们还不十分肯定。在目前流行的古玉中，流行时间跨越几个朝代，且具有特定的几何形状的虎纹玉尚未出现。”“六器中的璧、琮、圭、璋、璜都是几何形体。玉琥可能与‘六器’中其他五器相同，是几何形玉。”张广文先生说得对极了，从“人面琮”到琥应有个时代流传的过程，琥应该是一种几何体。本器类似琮又不是琮，虎面、虎嘴、虎齿的形象是凶猛的象征，“兵者，凶也”，如果将它套在棒上，不就像带虎纹的权杖，成为“发兵瑞玉，为虎纹”了吗？

备注：存世罕。

玉 箍

特征：

年代：齐家文化

玉质：青玉

尺寸：高：89毫米；口径：65毫米；腰径：58毫米

鉴别与欣赏：

本器造型粗犷，表面不甚平整，受沁后五花十色，十分艳丽。包浆滋润，皮壳属旧，时代特征极开门。

玉箍是一种圆形筒状玉器，“箍”不是玉器专用名词，是后人依据器物的形状而命名的。这类器物中一些可能是镯，还有一些可能是饰件。箍形玉器出现于新石器时代，由于制造精致和形状特别而引起人们的重视。齐家文化就有各式各样的箍。

备注：存世较少。

墨玉箍

特征：

年代：齐家文化

玉质：墨玉

尺寸：高：88毫米；口径：65毫米；腰径：58毫米

鉴别与欣赏：

■ 墨玉琢制，研磨、抛光精细，年代特征开门。

■ 筒形，腰部直径略小，似束腰。本器造型、用料、琢磨均佳，十分漂亮。但古代先民们用来干什么？用作手镯太小，用作发箍太沉，作为装饰品，孔又太大，究竟如何，不得而知。

备注：存世较少。

白玉双层箍

特征：

年代：齐家文化

玉质：白玉

尺寸：高：146毫米；口径：62毫米；腰径：54毫米

鉴别与欣赏：

■ 玉质晶莹滋润，有褐色沁、黑色丝状糁和绺裂。全器造型纤细挺拔，琢磨精致，包浆凝聚，年代特征开门。

■ 有人认为这是圆形琮的变异，为“箍形琮”，到底是与否，不得而知。但本器造型特别，十分秀美，耐人寻味。

备注：存世较少。

三层箍

特征：

年代：齐家文化

玉质：白玉

尺寸：高：49毫米；口径：39毫米；腰径：32毫米

鉴别与欣赏：

玉已质变，大半呈褐红色，有黑色丝状糁，全器晶莹滋润，包浆凝聚，皮壳属旧，年代特征极开门。

本箍中间一层宽，造型独特，色彩艳丽，由于有褐红色，是否是古代“涂朱”造成，难以确定。本器经历数千年后仍然晶莹滋润，的确弥足珍贵。

备注：存世较少。

四层箍

特征：

年代：齐家文化

玉质：青玉

尺寸：高：49毫米；口径：44毫米；腰径：38毫米

鉴别与欣赏：

■ 玉呈青绿色，有白糁，包浆滋润，年代特征开门。

■ 玉箍晶莹通透，光泽强烈而温润，造型独特，研磨精细，大方美观，应是齐家文化玉器中的精品。

备注：存世较少。

双层箍

特征：

年代：齐家文化

玉质：青玉

尺寸：高：40毫米；口径：48毫米；腰径：40毫米

鉴别与欣赏：

■ 玉呈青绿色，微微泛黑，局部有颗粒状细红斑沁，半透明，加工精致，抛光细腻，包浆滋润，年代特征极开门。

■ 本器作为发箍大小合适，制作也十分乖巧，造型也比较美观，特别是它的色沁，红绿黑花非常漂亮。

备注：存世较少。

后　记

经过半年多的努力，本书终于出版了。齐家文化玉器研究的人不多，收藏的人也不多，因此在寻找实物、查找资料等方面十分艰辛。这是一个既古老又新鲜的课题，在四千年前黄河上游的河陇地区，怎么会出现这么多的玉、石器？这些玉、石器有的被当地老乡认为“是鬼用过、不吉祥”而遭毁坏或就地掩埋，有的玉璧被当作玩具滚下山沟，有的玉琮被当作枕头，一代代辗转在百姓的炕头。当然一些优美、漂亮的玉器得到人们的喜爱，一代一代地被保存了下来。由于长期被人把玩，很多玉器的表面形成的皮壳、包浆都十分明显，色沁也非常漂亮。多少年来，不少古玩市场上出现过这些玉器，大家都认为它是老东西，但又不知它是哪里来的，使不少收藏爱好者失之交臂。台北故宫博物院和海外收藏家则泛称这些玉器为“西北玉”“黄河中、上游龙山文化玉器”而无法确指其文化类型。正因为如此，完成齐家文化玉器这个课题，十分重要。在这里要特别感谢中国文物交流中心原主任、中国国家博物馆研究员雷从云先生为本书作序。特别感谢唐仁健、何志勇先生对出版本书的大力支持。感谢齐家文化玉器的收藏爱好者无私提供的玉器实物、图片和一些对齐家文化玉器的独特见解。书中引用了国内外一些专家、学者的著作和观点，也在此一并表示感谢。正是大家的鼓励、支持和实质性的帮助，才使本书能顺利地完成和出版。

彭燕凝　仁　厚

二〇〇四年于深圳大学

齊家古玉